心理臨床の創造力

援助的対話の心得と妙味

岡　昌之
Masayuki Oka

新曜社

まえがき

本書は著者の三十年あまりにわたる心理臨床の実践のなかから生まれたものです。

心理臨床とは、人間生活というものを、人間関係の複雑怪奇なパターンとそれが内在化されたものとしての〝こころの世界〟をとおして見直し、改善を目指す技術であり、学問的には心理学、臨床心理学を背景としてもっています。心理学の内容はじつに多様であり、臨床心理学の内容もそれに劣らず多彩です。それらの多様性、多彩さに開かれていることは、心理臨床家の素養として貴重なものであるでしょう。そしてその基盤の上に、みずからの実践にもとづきみずからの心理臨床の理論をつくりあげていくことが、求められているのです。

いま私は、みずからの経験から、心理臨床という技術の効用を確実なものとして感じています。具体的にいえば、スチューデント・アパシーや、ボーダーライン、統合失調症の青年、発達障害の児童・生徒・青年との対話による精神的援助も可能であると考えています。錯綜した状況に絡めとられている人への援助を可能にするものは、目も眩むほど複雑な現実を前にして、たじろがず、あるいはたじろぎつつも、その場に居続ける意志であり、現実に関わる言葉であり、関係のなかで自分自身であり続けるゆえの沈黙であると思われます。フロイトの「謎解き」、ユングの形而上学的ともいえる「瞑想」「想像」、ロジャーズの対話に関わる「試行・感受・理解」など、多くの理論的諸概念を目安にしながら、私はみずからの経験を味わってきました。

その意味で本書は著者自身のために書かれているともいえますが、もちろん第一の目的としては、豊かな知性と感受性、たくましい意志に恵まれた若い心理臨床家を知的に刺激するために書かれているのです。心理臨床を始めて三年から五年さらに十年くらいの方の事例を聴き、意見を求められることが多くなると、それに伴って、あるいはその前提として、私自身の考え方の基本を相手に理解してもらいたいと思うようになりました。私のコメントが、その事例の貴重な関係性を混乱させず、むしろ生き生きとさせるような言葉となってほしいと願うゆえです。本書がそのような役に立つ多彩な〝臨床の知〟を提供できたなら幸いです。

対人援助の技術としての心理臨床の発想の基本は、人間の可能性を信じることでしょう。この初心はいつまでも忘れずにいたいものです。あるいは、忘れていても時に思い出せるような、こころのみずみずしさを失いたくないものです。同時に、複雑きわまる現代社会に生きる人間として、健全な懐疑、そのための知性を鈍磨させたくはないものです。

いまやマルクスの理論はマルクス・レーニン主義の「凋落」によって時代遅れのものとされ、フロイトの精神分析は、かつて隆盛を誇った地アメリカでも社会経済的要因により「退潮」傾向にあるといわれているようです。私はマルクシストでもフロイディアンでもありませんが、人間社会の諸現象に対して「すべてを疑う」ことができるくらいの知的水準は〝臨床の知〟の重要な要素であると考えています。それがなければ、現代に生きるクライエントの「不適応」の錯綜した実態に先入観なく感情移入することはできないでしょう。信じることができ、疑うこともできる柔軟なこころこそ、心理臨床のこころであるといえましょう。

過去二十年ほどにわたって私が書いた多くの文章が、本書の基になっています。心理臨床の現場のさまざまな縁と成り行きがその背景にあります。東大駒場の学生相談所、東大本郷の心理教育相談室、日精研心理臨床センター、「このはな」児童学研究所、そして東京都立大学〔現在は首都大学東京〕の学生相談室と大学院でのカウンセリング、サイコセラピー、コンサルテーション、スーパーヴィジョンの経験に由来する、試行と考察の軌跡がそこにあります。これはひとつの自然な流れであるように、私には感じられているのです。

いま私は、心理臨床というコミュニケーション技術、それを支える知の体系の可能性に関して、悲観的ではありません。本書のタイトルはそこに由来しています。人間の可能性を生かすために、批判的知性は必須です。フロイトもユングもロジャーズも、一流の文明批評家でした。傍観者ではない批評家でした。心理臨床家は斯くあるべしと私は考えています。政治・経済・哲学・宗教・芸術の多彩な人間的可能性に関心をもちつつも、人間世界の根底的な生きにくさを否認せず、したたかな感受性を生かして、クライエントと共に生きる生活の知恵をさぐる心理臨床的な発想のもつ潜在力に関しては、ロジャーズと同じくらい楽観的なのです。フロイトの懐疑主義を受け入れつつもそうである点が、私の独自性であるといえるかもしれません。

ところで、本書のなかには、心理臨床家・心理療法家・カウンセラー・セラピスト・相談員・学生相談員・治療者・臨床心理士など、種々の呼称が用いられています。それらをひとつにまとめたほうが読者に対して親切かとも思い、迷いましたが、心理臨床の現場の感覚を生かすべく、結局そのままにしました。そのほうが、心理臨床の現場における多様性、変幻自在なそのありようを浮かび上がらせることができると考えたからです。読者のご理解を頂けると幸いです。

目次

装丁　上野かおる

心理臨床の創造力

——援助的対話の心得と妙味

序章　アルファにしてオメガなること

年を追って難しくなる、心理相談の現状です。

ここでは、ようやく安心できる港に着いたときのような安心感のなかで、多くの苦難のなかから何を学べるのかを考え、本質的なところを簡略に書き留めてみたいと思っています。さまざまな背景と資質をもつ相談関係者の方々が、互いの差異を越えて通じあえ、わかりあえる、そんな地平があると私は感じることがあります。それは実践的な感覚の地平であり、〝いまここでどうするか〟という必要性と緊迫感をこころのなかに探りながらの知的交流の地平なのです。

それではまず、セラピスト側の条件について考えてみましょう。これは第II部で詳しく述べることになりますが、たとえばロジャーズの三条件というものがあります。

① 無条件の肯定的配慮 *unconditional positive regard*
② 共感的な理解 *empathic understanding*
③ セラピストの純粋性 *genuineness* または自己一致 *self-congruence*

最初に①の条件ですが、これは、厳密に考えれば、まったく不可能なことでしょう。はたまた気楽に考えれば、なにはともあれ「ささやかな善意の始まり」としての意義はありましょう。そして困難な事例においては、この条件が「不可能ではあるが、それゆえに必要だ」というような恐ろしい迫力をもってセラピストに迫って来るのではないでしょうか。

私の感じでは、英語のアンコンディショナル・ポジティヴ・リガードという片仮名読みの重おもしさが、なにやらサンスクリット語のお経の文句のような響きをもち、意味あいとしても「絶対矛盾の自己同一」とか「六根清浄、お山は晴天！」のごとくになったりしたことがあります。セラピストのなかに本物のそれとして根づくことが大変に難しい条件なのですが、その規定の曖昧さが、実際にはセラピストを適当なところで救ってしまっているようでもあります（もちろん、クライエントが救われているかどうかは別問題として）。

次の②の条件は、①の条件と切り離せません。《共感》といっても、喜びや適度な悲しみに対してならともかく、激しい怒りやそれを更に超えた悲嘆に共感することは、セラピストの側の心身一如の平和を深く攪乱します。また、深刻な被害感・罪責感・空虚感や倦怠感に共感することも、セラピストの側がある意味でみずからの精神健康を消耗させながらでしか出来ないでしょう。

セラピストには、クライエントとの相互作用のなかで体験するはずのそれら被害感や罪責感などの妄想観念に対して心的に開かれていて、それらを体験しながら知的に把握することが、求められます（それらを通して初めて、相手の苦しさの深みや、みずからの弱さの深みを知ることができるのです）。しかし実際には残念ながら、セラピストの側が「否認」「引きこもり」「知性化」などの態度で辛うじてみずからを守るということが少なくないようです。そのようなときクライエントは、心底さびしい思いをしているに違いありません。

やや厳しい見方のように思われるかもしれませんが、私としては要するに、positive とか empathic とかいう言葉のもつ力を、より深いところで感じなおしたいのです。いわば〝嵐の夜のあとの朝の光の明るみ〟のようなものとしてセラピストがこれらの言葉を味わいながら、クライエントやその関係者との対話における自己をとらえ返すときにはじめて、これら二つの条件は、その意義を明らかにするのではないでしょうか。

最後に③の《純粋性・自己一致》の条件は、一層とらえにくい概念です。一応、不自然な操作性に対する概念のようでもあり、また文字どおり「まごころ」という日本語を思わせるところもあり、さらに《自己一致》という言葉のニュアンスには、なにやら求道的な響きさえ感じられます。ひとつ具体的にいえば、セラピストが「自分に無理をしない」ということでもありましょうが、そういう表現が実際には、はなはだ安易な傾向を生み出しているようでもあります（どうやらこの概念については、それぞれのセラピストがみずからの実践の現状を伝えあうなかで交流を深めていくのが良いようです）。

私の考えではやはり、クライエントとの苦しい相互作用のなかでセラピストみずからが被害感・罪責感・空虚感（「不安感情」の三人娘）に悩まされながらも、初心を忘れず自他に誠実に生きる、という離れ業を為し遂げてはじめて到達できる境地が《自己一致》なのです。そして、このくらいの境地に達していれば、セラピストの側の疑問・批判・否定の気持をクライエントに向けて言語化しても、そこには、おのずから〝よくこなれたゆるやかな感覚〟が保持され続けるでしょうし、その言語化によってクライエントは無理なく自己への気づきをおこなえるでしょう（ちなみに、疑問・批判・否定のトリオはいわば「自己主張」の三人息子ともいえます。たとえばロジャーズ心理学においてこの三人息子がどのような待遇を受けているかは検討の価値がありましょう）。


ここまでは心理相談の基礎を、セラピストの条件の側から考えてきました。そこで今度は、クライエントの事情のほうから考えてみたいと思います。

いわゆる〈青年期境界例〉を例にとってみましょう。この境界例についてはさまざまな議論があります。精緻にして学問的にもみえる議論を読んだり聞いたりしていると、その理論構成とは別な面に、ある種の「挫折感」「危機感」「倦怠感」がほの見えることが少なくありません。フロイトやロジャーズそれぞれのそれなりにスッキリした人間観に何かしら揺さぶりをかけるのが、青年期境界例のようです（その意味でいかにも「青年」的で「境界」的なのかもしれません。いわば遅れて来た反抗期、社会に出きっていない対抗文化ともいえましょうか）。私はこの概念にプラス／マイナスいずれの価値評価もしないでおきたいと思います。そこでひとまず、神経症レベルと精神病レベルの中間領域というように広義でとらえることから始めましょう。

青年期境界例の治療においてセラピストがしばしば被害感や倦怠感をもつとしても、クライエントには悪気はない、と考えたほうがよいでしょう。クライエントはその人生において、物事が一筋縄では行かないことを身にしみて感じており、意図せず、セラピストにもそのような人生観をある程度わかってほしいと願望するのかもしれません。クライエントの言動は、表面的に理解すると時にひどく安易なものに見えますが、その底には深い悲哀が隠されており、それはほとんど誰にも正当に認識されたことがないのです。クライエント自身にとってもそうです。クライエントがみずからの内なるあやふやさをどうすることもできず「誰かそこをわかってくれる人はいないか……」と彷徨《さまよ》い歩いている状況ともいえるでしょう。

このクライエントの内部事情に対して倫理的ないし論理的に判断を下すことは、相談ではほとんど役立たないのですが、どういうわけか、フロイト流・ロジャーズ流その他を問わず多くのセラピストが、この迷路に入ってしまっているようです。また、クライエントのなかに人並み以上の心理学的感受性や知的能力、時には性的魅力を発見することじたいは良いことかもしれませんが、それと問題の本質を短絡的に結びつけるのは、セラピストにとって安易なことであり、クライエントは再び見捨てられの不安に脅かされることになります（クライエントの知性や感受性を、セラピストが自分の内部的照合枠から一面的に評価するのは危険ですし、反動形成的に過小評価するのも同じくらい危険でしょう）。

どうもセラピストは、クライエントの表面に現れる言動に困惑して、人間としての在り方、その内的世界をありのままに見ることができなくなるようです。ややもすると、フロイト流では理論に凝りすぎ、ロジャーズ流では明確化を急いで適切な遠近法を忘れがちになっているようです。理論は確かに、新しい一面を見ることを可能にしてくれますが、新たな偏見をもたらしかねません。性急にして表面的な明確化は、クライエントの内なる「名状し難いあやうさとあやふやさ」を初めから取り逃がしてしまい、クライエントに新たな負担をかけて、しかも双方ともそれに気づかないという状況をもたらしかねません。

さて、一般的傾向への提言はこのくらいにしておきましょう。次に〈青年期境界例〉の治療という錯綜した事態にからめながら、本章の趣旨〝心理相談における一かつ全なるもの〟について、私なりの実践的イメージを綴ってみたいと思います。

いわゆる〈青年期境界例〉の相談においてもっとも重要なことは、その在り方のあやうさ、およびその内的世界の根底にあるあやふやさへの正当な認識と配慮でしょう。「正当な」と書いたのは、その人のあやうさやそのこころのあやふやさが、じつは私のほうにもあり、むしろ人間の条件ともいえる普遍的次元につながるものだからです。この次元を共有する者として、クライエントとセラピストは対等な存在となり、互いに敬意を抱く関係となり得るのだと、私は思います。

この地平に立つなら、クライエントの生活（人生）の具合のわるさ、苦境や絶望的見通しに関しても、話しあえる可能性が出てくることでしょう。ただ、このような関係のなかでのセラピストの態度は、単に受動的で容易なものではありません。セラピストには、倫理的にも論理的にも充分な強靭さが前提として要求されるのです。肝腎な点は、表面に出てくることは少ないかもしれません。にもかかわらず、その精神的努力は、海に大きな橋を架けるくらいに大きなものでしょう。

肝腎な点は、意図よりも知覚にあります。先にふれた「不安感情の三人娘」に悩まされながら、セラピストは、コミュニケーションの多義性のなかから本質的なものを知覚的に発見していく力がなければなりません。信念の主観性ではなく知覚の客観性こそ、積極的 positive で、それが人間に対する深い関心なのです。

よくみれば　薺《なずな》花さく　垣ねかな　〔芭蕉〕

その意味で、困難な事例におけるロールシャッハ・テストの被験者は、クライエントでなくセラピストだといえるかもしれません。セラピストは治療過程の多義性に対して、クライエントの内的世界の本質に関わる全体反応（形態水準が良く適度に独創的な——理論書やスーパーバイザーの受け売りでない——全体反応）ができるだけの、知覚的能力を要求されるのです。

「薺《なずな》花さく」のような、細部をいとおしみ、しかも適切な遠近法のなかで全体をとらえることは、単に近代主義的な分析精神のよく為し得るところではないかもしれません。個人を人類史の流れのなかでとらえる、あるいは現象を永遠の相のもとに観てゆく、そうした努力がセラピストによって為されてはじめて、クライエントも、みずからの名状し難いこころの領域を認識し始めることができ、対話のなかに自己の本質を表現し始めることができるのではないでしょうか。

二人の関係におけるこの精妙なる相互作用の体験こそ、私の考える心理相談の礎《いしずえ》であり目標なのです。

本章は「心理相談の基礎」(『東京大学学生相談所紀要』第五号 一九八七年)をもとに大幅に筆を入れたうえで構成されたものです。

第一部

心理臨床の礎《いしずえ》を見つめる

心理臨床の専門性を支えるものは、日常生活のなかでの対人的および内的コミュニケーションに関わる「知性」です。心理臨床家は、いかに頑強・俊敏であろうとも、筋力と神経においてプロスポーツマンに太刀打ちできません。また、いかに芸術的感性に恵まれても、プロの音楽家・美術家・詩人・小説家の並外れた技量に伍することは難しいでしょう。例外を認めるにしても、それはやはり例外です。フロイト、ユング、ロジャーズの理論や、認知心理学・発達心理学・社会心理学の発想と知識を実践的課題に応用できる〝柔軟な知性〟のレヴェルが、心理臨床家の専門性のレヴェルとなるのです。

一般的に、人間の知・情・意といわれます。古典的なことばには、それなりの知恵がありま す。情緒・情念は、心理臨床の仕事の重要な要素です。そして、〝情〟という自由奔放な心的エネルギーのありようを的確に捉えるのが〝知〟の役割です。心理臨床家は、情を大事にしつつも、情に流されず、情に道筋を見出す知性を求められます。この知性は、杓子定規の対極をなすものです。多様性を理解する能力です。

〝意〟とは、いわば自己の身体感覚です。頭ではわかっていても体が動かない、といった状態は、いわば「意に沿わない」状態でもあります。意は「意識」とは限りません。意識と無意識の中間にある〝フェルトセンス〟のようなものです。「意志が弱い」と決めつけるのは、あまり援助的でありません。むしろ「意のあるところを汲む」という感覚を自己自身に当てはめるのが、心理臨床の知恵なのです。「意志が弱い」のは、感覚と言語のあいだの「内的」な「関係性」が弱いからなのでしょう。このように見れば、知・情・意とは、自己自身の多面性を意味します。心理臨床は、その自己のありようを振り返り、思い出し、生きなおすことに関する知的作業である、ということができます。

とすれば、知・情・意を統合する精神的機能が、臨床の知ということになります。それは、人間の過去・現在・未来をひとつの視野に収められるような高次の精神的機能です。大きくいえば、人類の精神史がその背景をなすとさえいえます。心理学の歴史はそのなかに収まるでしょう。すでに述べたように、心理療法や心理学の諸理論を学ぶことは、臨床の知を育むのに役立ちますが、臨床の知はそれらに還元できるものではなく、日々の実践によって限りなく多様に発展して行くものです。

心理臨床家が事例研究から学べるものは無限にあります。ひとりの人間の精神生活を完全に理解することは不可能であり、常に眼前に未知の領域が広がっているのだという認識が不可欠です。初心を忘れず、あるいは忘れても時に思い出し、知的にはすべてを疑い、なお探求の意義あることを確信できるような〝柔軟な心身〟が求められます。

技法は疑問から生まれます。いわば「技」は「疑」に由来するのです。ゆえに、技法のごときものを鵜呑みにするのは、〝臨床の知〟にふさわしいことではありません。人間の精神生活の領域が広大であることに留意し、それを人類の精神史の広範な内容と照らしあわせながら、地道な知的作業を進める知性にこそ、心理臨床という仕事の礎《いしずえ》があるといえましょう。

第一章　臨床の知を求めて

実践を学ぶ眼差し

臨床心理学とは、心理学的援助の「実践」に関する知の体系です。そして心理学的援助とは、個人ないし集団の思考や感情に、言葉やイメージなどの媒介を利用してかかわり、より安定してより創造的な状態をつくりだすのを援助することです。その「実践」にはさまざまな要因が関与し、じつに複雑な過程が進行します。これは傍観者にはなかなかわからないことであって、一方、関与しながらの観察者には、明々白々にしてかつ名状し難いことでもあります。

臨床心理学の研究は、この複雑微妙あるいは時に複雑怪奇な対人関係の大筋を記述し、考察することです。その記述や考察は、できれば明快なほうがよいでしょう。しかしその明快さは、実際の過程の複雑さがよくわかっている人によってこそ達成されることなのです。現実の難しさがわかっていない人による単純明快さは本物ではありません（それどころか、援助「実践」にとってはしばしば危険な代物となります）。

臨床心理学の研究は、なによりも、援助「実践」に役立つものでないと意味がありません。もちろんその役立ち方には、直接的なものから間接的なものまで、さまざまであり得ます。それはそれでよいでしょう。しかしいずれにしても、なんらかの意味で「実践」に寄与するものでなければ、臨床心理学研究としては価値がないのではないでしょうか。

そのような臨床心理学研究を推し進めていくためには、研究者が「実践的な感覚」を充分にもっていることが不可欠になります。実践的な感覚とは、心理学的な援助実践の場、現場に当事者としてかかわり、実際的な課題に常日頃から取り組んでいることをとおしてはじめて獲得されるものです。単に文献を多く読んでいるとか、あるいは文献を読んだだけで臨床心理学の講義をしたとか、それだけで得られるものではありません（また、豊かな人生経験や豊富な読書は、臨床心理学研究を豊かにしてくれる貴重な経験ではあり得ます。しかしそれも、個人面接であれ集団療法であれ、みずから地道な泥臭い「実践」を常に身近に感じている人にとってのみ、臨床心理学の研究に有益な素養となり得るのではないでしょうか）。

ところで、「臨床家」とか「研究者」とかいう言葉があります。しかし臨床心理学研究の現在の状況からいえば、臨床家でない研究者というのはあり得ないでしょう。それほど臨床心理学の内容は、机上の空論でない精妙な精神的な世界を構成しているのであって、その世界の一種芸術的な感触に触れたことがない人には、その本質を了解しにくいものなのです。

芸術的な世界というのが適切でなければ、職人的な世界といってよいかもしれません。なぜなら、臨床心理学的な援助の「実践」現場は、いわゆる評論家がなにかの役に立つような世界ではなく、関与する意志のある人間がそこに十年、二十年、そこに留まって課題にかかわり続けることによってようやく有意義な体験が確実にもたらされるような現場だからです（もちろん、経験二、三年の臨床家がそれなりの集中力でなかなかよい仕事をすることの可能性を否定する必要はありませんが）。

これはけっして、臨床心理学の世界が閉鎖的な世界だということではありません。そうではなく、人間のこころの世界が深い奥行をもった世界である、ということを意味しているのです。臨床心理学が「科学」であることを目指すというのは、このような世界を探求し、その世界にふさわしい言語化を試みる意志がそこにある、ということではないでしょうか。

健全な知性とは？

つまり、芸術的・職人的な営みが同時に学問的でもあり得る、ということが「臨床の知」の特質なのです。その「知」は普遍的な性質をもち、それに関心ある人には常に開かれています。健全な知性をもつ誰にとっても、開かれているのです（日本語や英語のような自然言語が、その語彙と文法を学ぶ人なら誰でも解読可能であるように）。フロイトやユングやロジャーズのような先達の古典も、援助「実践」に携わりながら丁寧に読み進めれば、必ずや、その深奥の知を開示してくれることでしょう。

このような意味で〝健全な知性〟は臨床心理学研究の基礎です。健全な知性とは、援助「実践」という現実的な課題に関心をもち、その問題に関連のありそうな事柄についての知識を、広く、平等に、取り扱う能力のことです（この種の能力は、たとえば認知心理学においても生きるでしょうし、また深層心理学においても生きるでしょう）。

それでは、しばらくこの〝健全な知性〟に関連して考えてみたいと思います。

たとえば論理実証主義的な立場からは、精神分析のような知の体系には「擬似科学」といったレッテルが貼られることもありますが、援助実践の立場からみると、これはあまり健全な態度とはいえません。精神分析的な諸概念のありようを批判的に検討することは、時には意味のあることかもしれませんが、科学主義〔ハーバート・スペンサーの系譜〕の立場からレッテルを貼ることは、独善の一種であって、「人間の研究」のためには不毛な態度ではないでしょうか（たしかにフロイトも精神分析が「科学」であることを強調しました。アメリカ自我心理学の系譜が精神分析と「科学的心理学」を融和させようと苦心したことも歴史的事実です。そしてその傾向をジャック・ラカンが酷評したことも忘れてはなりません。しかし、この科学と哲学のあいだの「深くて暗い河」に橋を架けるのが〝健全な知性〟なのではないか、と私は考えます）。

ところで、マックス・ウェーバー風にいうと、「近代化」とは魔術から科学への移行であって、心理学の発展もその流れのなかにあるといえましょう。たしかにこの認識は臨床心理学研究の基礎の一部を成しますが、しかし同時に、ウェーバーが考えたほどには事は単純でない、という認識も必要ではないでしょうか。じつはウェーバーその人は苦悩の人であり、苦悩のなかで超人的な仕事を為し遂げた人だったようです。臨床心理学的な観点からすれば、このように禁欲的で学究的な生き方をした彼と、知的で献身的な妻マリアンネとの人間関係は注目に値します。近代「合理」主義を研究した彼が、個人的には深く重い「情念」を生きていたとも見えます。つまり、このように物事を多面的に見るのが、臨床心理学研究の基礎をなす〝知性〟の仕事なのです。

広範な知識を……

ウェーバーと近代合理主義といった大きなテーマが出てくると、戸惑われる読者がおられるかもしれません。しかしながら臨床心理学は、人間と社会の現実を常に背景に感じていなければならない学問であり、その研究者は、人間世界に関連する広範な知識に開かれている必要があります（臨床家は必ずしも博覧強記である必要はありませんが、人間に関する旺盛な好奇心・探究心は絶対に必要です）。

さて、実践上の〝健全な知性〟という観点からすれば、論理実証主義だけが「実証的」な考え方ではありません。

実証的社会学の創始者といわれる不撓不屈のオーギュスト・コントは、科学は神学的・形而上学的・実証的の三段階にわたって進歩すると主張し、それを『実証哲学講義』（全六巻）に著しました。これは偉大な先駆的研究です。妻（診断論的にいえば明らかに「ヒステリー性格」で、「売笑婦」だったといわれています）との絶望的な関係を苦しみながらこのような著作を残したのは、まさに天才の名に値するでしょう。しかも彼は晩年に向かい、ある若い一女性とその死に出会って宗教的になり、その精神的な体験から「人類教〔人間性の宗教〕」を宣言し、その後『実証政治体系』〔全四巻〕を著したというのですから（この変化は、かつて自殺未遂もした彼の精神的な衰えの表れと見られがちですが、本当にそうなのかは、臨床家としては慎重に検討したいところです）。

やがてオーギュスト・コントの時代、十九世紀は終わり、その後、二十世紀を経て、さらに二十一世紀を迎え、科学や技術は洗練の一途をたどっています。それは誰の眼にも明らかです。しかし政治や宗教の世界は相変わらず、あるいはいよいよ、複雑な様相を呈しています。政治と宗教の絡み合いは、人類社会の戦争と平和に重大な影響を及ぼす大きな要因であることを考えると、晩年のコントの思想は、やはり天才的な先取りだったといえるかもしれません。

すなわち、整然とした理論的考察は学問的には評価されてよいのですが、しかし同時に、人間の世界に関する深い思索というものは、しばしば混沌とした印象を与えるものなのです。これは、人間の精神世界がじつに多面的な内実をもっているからでしょう。ひとつの理論で説明し尽くされるようなものではないからでしょう。

心理学でも、たとえばスキナーの条件づけ理論はすっきりとしていて、ユングの元型論は一種つかみ難いと感じられます。しかし臨床心理学の実践という観点からすると、スキナーの理論は科学的でユングの理論は非科学的だ、などという言い分は単純に認めないほうがよいのではないでしょうか（「外見に惑わされてはならない」ということは、心理学的援助の基本的な注意事項です）。スキナーとユングのそれぞれがどのように援助的であり得るか、という事実を丁寧に検討する態度こそが「実証的」研究の基礎なのです。それは数字を扱う仕事とは限りません。ここには、みずからが実践を積み重ね、さまざまな実践的立場があるということを無理なく認められるような「人間知」「広範な知識」が必要になるのです（この種の知識としては、「科学的」な心理学の教科書に載っていることでは足りません。もちろんそのような知識もそれなりに役立つことでしょう。しかしそれらを活かすためにも、心理学の歴史を深く考察することが不可欠だと私は考えます）。

視点を転換する

ところで、私が心理学科の学生であった三十数年前の教科書では、行動主義とゲシュタルト理論が優勢だった印象が強く、このふたつの立場から批判されたヴィルヘルム・ヴントの理論は、内観主義・要素主義として、すでに時代遅れのものと評されていました（権威あるように見える教科書というものは若い学生には影響力があり、私もこの批判をあまり疑わずにいました）。しかし最近の認知心理学の展開は、当時の権威ある定説が必ずしも全面的に正しくはなく、すでに前世紀の遺物のように語られていたヴントの構成主義が単なるガラクタではない、ということを考えさせてくれます。

物理学や化学や生物学（の一部）においては、前世紀の遺物は文字通りガラクタなのかもしれません（いわゆるハイテクによる生産技術や軍事技術の威力は圧倒的で、科学の進歩と「適者生存」（スペンサー）の原理は疑いを入れさせないかのようでもあります）。しかしながら「人間性」の研究に関しては、釈迦やイエスの時代と同じく、現代においても、具体的な人間関係のなかで使用される自然言語の適切性に拠るところが大きいのではないでしょうか（釈迦やイエスの対人的な言語戦略は、現在に残された断片――変形・修正されているとしても――から見ても、高度な技術に支えられていたことがわかります）。

釈迦やイエスとは時間的スケールが異なりますが、先のコントの社会学やヴントの心理学も、読み方によっては、今後の人間および人間社会の研究に役立つ有益な視点を提供してくれる可能性がありますす（とくにヴントに関しては、生理学的心理学だけでなく晩年二十年の『民族心理学〔文化や社会の研究〕』〔全十巻〕も注目する価値があります）。コントもヴントも、人間性の全体をみずからの視野に入れるべく生涯かけて探求を続けました。これは臨床心理学研究の立場から見て、おおいに注目すべきことではないでしょうか。

このような私の興味関心は、けっして懐古趣味ではありません。人類の精神史が現代人の心理学的諸問題の重要な背景として無視できない要因を形成している、という認識から生じているのです。錯綜している過去の堆積を、ガラクタとしてではなく、現在展開している事態に関連する有意義な事項を含む資産として見ることができれば、その〝視点の転換〟は人間の生活にとって創造的なものとなり得ます。このような自由な視点の転換は、心理学的援助の過程においても常に見出されるべきものではないでしょうか。また、実践に役立つ臨床心理学研究を可能にする重要な要件でもあるのではないでしょうか。

事例を学ぶ姿勢

クライエント中心療法（これについては本書の第II部で詳しく述べます）の視点からすると、心理療法における事例研究は、クライエントがみずからの問題をみずからの力（潜在力）によって少しずつでも解決してゆけるという事実を提示し、その経過を具体的に描き出すところから始まります。その描写は、セラピストの個性によって、「微に入り細を穿つ」タイプもあるでしょうし、あるいは豊かな直観にもとづく「緩急自在」で簡潔なタイプもあるでしょうが、いずれにしても「事実をして語らしめる」要領を得たものであることが望まれます。セラピストは、クライエントの言葉やその他の自己表現がなかなかに味わい深いものであることを感じつつ関わり、事例の全体を振り返ることをとおして、改めて相手の表現の味わい深さを再認識しながらその経過を記述する必要がありましょう。

鍛錬そして表現

クライエントが中心（心理療法における主人公はクライエント）とはいいますが、それは、クライエントに関わるセラピストの専門性を過小評価することにはなりません。というのも、出会いの最初から関係への不安や期待を多彩な表現（沈黙を含む）で伝えてくるクライエントの活動性に有効に対応するには、セラピストに、専門家としての相応の感受性と洞察力がなければならないからです。そして、持ちまえの感受性を損なうことなく、しかも自分と相手の無意識の世界に対する洞察を深めていくために、セラピストには、精神医学や精神分析などの学習を適切なペースで進め、意識と無意識、概念と体験のあいだに均衡のとれた精神活動を展開できるよう、日頃から鍛錬しておくことが求められましょう。

このような鍛錬がセラピストに出来ていれば、クライエント中心療法は、神経症圏から精神病圏までの広い範囲にわたるクライエントを援助し、その問題解決能力を高めるのに役立ち得ます〔このことも第Ⅱ部で詳しく述べることにします〕。たとえば〈神経症〉圏のクライエントは、自己の「不自由」な世界をさまざまに語りつつ、セラピストとの関係をつくりだそうと試みますが、セラピストは相手の世界の不自由に触れつつ、それに対して「不即不離」のスタンスを保つことによって、クライエントが自己の不自由を新たな視点で見直す契機を提供できるかもしれません。

そこで事例報告としては、クライエントの不自由な人間的在り方の記述と、それに対するセラピストの受容的・共感的在り方の具体的な記述、そしてそれを契機としてクライエントの自己の新鮮な在り方が可能になっていく過程の細やかな（あるいは簡潔にして要を得た）記述が求められます。

こうした記述においては、精神医学や精神分析などの専門用語の未消化な使用を避け、クライエントや関係者が実際に語った言葉や語らずにおいた実感と、意識の周辺に生起する感覚・感情などが、わかりやすく提示されることが望ましいでしょう。そこに、クライエントが手探りしながらみずからの不自由な世界から少しずつ自分の力で脱却していく過程が、明らかに読みとれるようであれば、クライエント中心療法の立場による事例研究の可能性が開けるのです。

〈境界例〉水準のクライエントに特有の「不安定」な世界や、〈精神病〉圏のクライエントの世界の「絶望」の人間的な在り方にも、セラピストは関わらざるを得ません（また時には、関わり得ます）。その関わりを可能にする、クライエント中心療法の発想と、その視点による事例研究の条件について、以下に述べてみたいと思います。

不安を理解する

クライエント中心療法は、クライエントの潜在力・可能性を活かすことを重視しますが〔第II部を参照してください〕、それは、クライエントの人間としての在り方につきまとう「不安」という生《なま》の「体験」を無視することにはなりません。むしろ、クライエントはみずからの不安ゆえに（あるいは、不安にもかかわらず）来談しているという現実を、セラピストは片時も忘れてはならないでしょう。そのような意味で、クライエント中心療法の人間学がまず最初に注目すべきは、クライエントの人間的な在り方における厳粛な事実としての「不安」の精確な認識なのです。これを疎《おろそ》かにしては、クライエント中心療法の「人間性の肯定」は安直なものになってしまうに違いありません。

たとえば、〈自己臭恐怖〉のクライエントの実感している不安がどのようなものであるのかということは、精神医学の教科書を読んだだけでは、なかなかわかりにくいものです。「自我漏洩感」というような専門用語によって感じられるのは、なにやら得たいの知れない世界の予感であって、それが目の前のクライエントの実感と合っているかどうかは、検証の余地があります。ですから、そのクライエントの自己臭恐怖にまつわる「不安」が具体的にはどのようなものであるかを記述できることが、意味ある事例研究の条件となりましょう。クライエントがみずからの不安を語る言語表現の精緻な理解が不可欠なのです。

クライエントが初めに語った不安の在り方が心理療法の過程においてどのように変化していくか、ということも注目すべき点でしょう。自己臭恐怖の不安が弱まり、特定の対人場面における自己主張の「不自由」感が自覚された場合でも、その不自由とそこから派生する感覚・感情がどのような言葉で表現されたかを、丁寧に記述することが必要となります。一人ひとりのクライエントがもつ微妙な差異のその裏にこそ、潜在力が秘められているのです（《受容と共感》という言葉の意味するところは、このような「クライエント一人ひとりの在り方」を大事にする、ということだと思います）。

また、たとえばクライエントが〈被害妄想〉を訴えるとき、心理療法は一般的に困難であると考えられやすいものです。しかしクライエント中心療法において、その症状の根底にあるクライエントの孤立感を深く理解することによって、援助的な関係を維持することは可能であり、その結果として、クライエントの孤立感と被害妄想が弱まるということもあり得ると考えられます。その過程をできるだけクライエント自身の言葉とセラピストの実感にもとづく表現を用いて記述できれば、価値ある研究素材となるでしょう。被害妄想を訴えるクライエントの言葉は、文字にすると表情の乏しい類型的なものになりやすくはありますが、それが語られる「場」の雰囲気や、それを受け取る側の微妙な不安の体験を併せて記述することによって、より立体的な表現として読む人のこころに響いてくるものとなり得るのです。

あるいは、たとえば境界例のクライエントの〈躁的防衛〉の奥にある「底なし」の不安を、セラピストは一瞬に感じ取ることができます。その感じを両者のコミュニケーションの描写に活かすことができれば、斬新な事例研究の視点が開かれることでしょう。精神病圏のクライエントが日々感じている「自己の絶望的な生きにくさ」をセラピストがどこまで感じとれるか（そしてその感じを記述できるか）は大きな課題です（《受容と共感》と教科書的に語られる言葉の本来意味するところを真剣に考えると、このような課題に逢着せざるを得ないでしょう。逆にいえば、このような課題に取り組みつつ関係を維持してゆけば、いかに困難な事例といえども、そこに援助の可能性は開けるということになります）。

希望を理解する

クライエントは、来談を考えるかぎり、なんらかの「希望」をもっています。仮に半信半疑であっても、来談しているかぎり、なにかを求めているのであり、なにかを得られるかもしれないという希望をもっているのです。クライエントのこの微《かす》かな捉え難い希望は「潜在力」のあらわれであり、これを心理療法の過程において活かせるかどうかは、セラピストの感受性のレベルにかかっています。セラピストには、クライエントの一見現実離れした要求や願望思考の背後に隠れた「より良く生きたい」という希望に気づくことが求められます。そのために、自分の感受性がどのような機能を果たしたかということを振り返ることも、事例研究の課題の重要な一要素でしょう。

クライエントの真の要求は「自己の深刻な『不安』を割り引かずに受けとめてほしい」ということであり、同時に「微かな『希望』も見逃さずにそこに居てほしい」ということでしょう。この両方をクライエントは初めから訴えていたのだな、と後で気づかされることがじつに多くあります。

たとえば、ずいぶん昔の話ですが、次のようなケースがありました。

中学生の娘の問題行動で来談したある母親が、最初の面接で開口一番に『わたしは普通のお母さんです』と語り、若年の私を困惑させました。実際には、このクライエントは女性としても非凡で、主婦としても破格のスケールをもった方だったのです。その存在の強烈さに対抗するかのように、娘は一時的に問題を起こしているようでした。娘の問題はやがて収まりました。母親のカウンセリングを担当した私は、クライエントの初めの言葉を、最初のうち「現実を否認する願望充足的な言葉、この人らしい無茶な表現だな」と受け取っていたのですが、後になって「むしろこの人らしい素直な表現でもある」と思うに至りました。

自分の娘が問題行動を起こし、母親としての責任を問われたりして、「自分が悪いのではないか」「自分が変なのではないか」と不安になり、それを否認したい気持が『わたしは普通のお母さんです』という言葉になった、という解釈も可能でしょう。現にこのクライエントはその後になって『わたしは普通の女じゃない。先生、治してちょうだい』と語ったりもしたのです。この言葉に対しても、私は正直なところ困惑したのですが、同時に「やはりこの人らしい率直な表現だな」という感じもしたのです。じつはこの女性は乳児期に、伝染病にかかった実母から早々と隔離されるという悲痛な体験をもっていたというのです。もちろんその事実を当人は直接には覚えていないのですが、こころに大きな痕跡を残していると考えられました（その後の事実として、この女性と実母の関係は、相互に思い入れの強い困惑しやすい関係となったそうです。一方、父親は穏やかなタイプで、クライエントにとって安らぎを与える存在だったそうです）。

　クライエントの『普通のお母さんです』という言葉は、たしかに素直に語られました。一見奇異に思われる表現の奥には、素朴な「祈り」のような響きがあって、それが、困惑しつつ耳を傾ける私のこころに、わずかではあるが届いたのかもしれません。その祈りとは「こころのなかに『普通のお母さん』を回復できるか」という微かな希望であった、ともいえましょう。『先生、治してちょうだい』と言われた私に出来たことは、困惑しつつもクライエントの「悲しみ」と共に居て、時にみずからの「希望」を語るクライエントの言葉を丁寧に聞きとることでした。そのような共同作業をとおしてクライエントは少し「センチメンタル」な女性になり、世間的にも「普通のお母さん」に一歩近づいたようでした。

　このように、クライエントのなかにみずからを癒す力があり、その力が初めから（微《かす》かにではあれ）

セラピストに向けて表現されている、ということは案外に多いのではないでしょうか。

言葉とイメージを活かす

クライエントの発する言葉やイメージの多くは、初めから真実を語っています。事例研究は、それを明らかにすることでもあります。ですから事例報告は、クライエントの自己表現の新鮮さを活かしたものであることが望ましいと思います（せっかくの生き生きした表現を精神医学や精神分析などの専門用語に無理に当てはめたような叙述は、読んでいても面白くなく、「クライエントから学ぶ」という事例研究の眼目にも外れるものではないでしょうか）。

しかしだからといって、クライエントの言葉をそのまま機械的に引用しても、事例報告としては、分量が増えるばかりで、まとまりがつきません。クライエントの世界に関わったひとりの人間の自由と責任において、セラピストがみずからの体験を主体的に語りつつ、ひとつの世界を表出することが求められるのです。その際に、出来るだけクライエントの言葉やイメージを活かせることが、セラピストとしての能力――感受性と理解力――の証《あかし》でもあります。そこでは、一見とるに足らないものがじつに大きな価値をもつことも少なくありません。

セラピストがクライエントの精神的苦境に手をさしのべ、相手から伝わってくる重いものをみずからの内面に収める努力をしながら関係を維持していくことで、クライエントは自己の内面の「苦しさ」と「豊かさ」に目を開いてゆけるようになります（これが《受容》の過程でしょう）。セラピストがクライエントの自己表現の微妙な色あい・味わいを大事にして、柔軟で誠実な応答をすることによって、クライエントの自己表現の技術は洗練されてきます。それまでは断片的だった精彩ある言葉やイメージの流れが、より滑らかで、わかりやすく、力強いものになってゆきます（これが《共感》の過程でしょう）。

このような共同作業が無理なくおこなわれると、そこにはおのずから、ひとつの物語が生み出されてくるものです。この物語は、セラピストの帰依する理論に誘導されたものというより、クライエントがみずからの内に秘めて久しく温めていたものが現れ出たものです。それが初めて語られるときは、何気なく始まり、聞き手はとくに意識せずにその流れに身をまかせていて、気がついたらひとつの流れのようなものがそこにあった、というように感じられるものであることが多いのではないでしょうか。具体的な作業としては、セラピストが一回ごとの面接記録を改めて概観してみると、意外なまでに明白にそこにひとつのテーマが読みとれる、ということが少なくありません（とくに若年のセラピストは、誠実に実践を積み重ねたあとで、このようなことに気づいて感動することもあるでしょう）。

ある引きこもりの男子学生は、底知れぬ憂うつのなかで、数年にわたり家族以外の人（医師を含む）との会話をほとんど絶っていました。私は、数少ない面接と、その後の電話での不定期の相談を、かろうじて続けていました。家族とのコンサルテーションも担当しつつ、私は「どうにも生きていけそうもない」という絶望を独特の重厚な語り口で語るクライエントとの微かな関係に、希望をつなごうとしていたのです。最悪の時期を脱したのち、近況としての話題――読書と音楽〔ワーグナー〕――のなかに、あるときから長編小説『モービー・ディック』〔白鯨〕を読みだした、という話が出てきました。私のセラピストとしての勘は、「これは何事かである」と教えてくれました。彼は、その難解な小説をなぜか読んでみたくなり、苦労しながら少しずつ読んでいきました。彼の英語の力量にもかかわらず、結局この小説は読了されなかったのですが、その間にクライエントの心境は変化し、不安は軽くなっていったのです。この青年はやがて引きこもりを脱して、現在では、ある分野の気鋭の研究者として、将来を嘱望されるほどに回復しています。

この事例は長期にわたっているため、その全体を振り返るのは容易ではありません。自己の内面の世界に目を向けて生き延びたクライエント自身の努力に加え、粘り強く来談した母親と、のちにタイミングよく外出のきっかけをつくった父親、同じく研究室のスタッフなどなど、多くの人々の情熱と厚意が有益だった事例でもあります。そのなかで『モービー・ディック』の読書の意味は、不思議に大きかったのではないか、と私は感じています。それは、当時クライエントがこの小説を話題にしたときの雰囲気に独特なものがあったからです（この小説の主人公の「執念」と当時の彼の心境になにか通いあうものがあった、と考えてもよいかもしれません）。

クライエントから学ぶ

クライエント中心療法において、事例研究の意味は、クライエントから学ぶところにあります。クライエントは、不安のなかにいてもみずからの方向性を求め続け、セラピストの援助を利用しながら自己の世界を表現し、それをとおして問題を解決していくことが出来るのです。絶望のなかにも希望を見出し不安定のなかにも安定をつくりだす能力を、内に秘めているのです。

セラピストがみずからの仕事に厳しい目を向けて「自己の問題」から逃げなければ、クライエントは案外にやさしく対応してくれることが多いように思われます。また、セラピストがクライエントの「不安」を割り引いたり「絶望」を水で薄めたりせずに、そこに居れば、クライエントはやがて「希望」をより積極的に表現しだすことが少なくありません（その表現じたいには、セラピストの日常感覚を戸惑わせるものがあるかもしれませんが、そこをとおしてセラピストが自分自身の可能性に目を向けることが出来れば、クライエントは報われるのではないでしょうか）。

たとえば、初回に開口一番『わたしは普通のお母さんです』と語ったあの非凡な女性は、私より自由闊達であり、自分の感覚を瞬時に活かして相手に働きかける能力をもっていました。彼女が素朴に語るささやかな物語の数々は、こちらが柔軟な感覚をもって聴くことができれば、なかなかに興味深いもので、人間的な魅力に溢れていたとさえいえます。にもかかわらず、私は少なからず困惑しました（相性によってはセラピストが「大変な母親が来た」と大慌てすることもあり得たかもしれません）。そのような場合は、クライエントの性格の特殊性をことさらに強調し、その病理性を論ずることになりやすいものです。セラピストが「関係の困難」をひとまずクライエントの特殊性に帰属させ、徐々に問題の本質に接近していくという傾向は、やむを得ないといわざるを得ない場合も多いかもしれません（心理療法は「善人」のペルソナではやっていけない仕事であり、「お人好し」よりは「人が悪い」ほうが長続きするような傾向があるのも事実です）。

しかしクライエント中心療法の視点からすると、多くの事例研究が教えるのは、しばしばクライエントがセラピストを眼力において凌駕する、という事実です（それだけではなく、予想に反して、忍耐力についてもそれはいえるかもしれません）。いわばクライエント自身の問題に関しては、当事者であるクライエントこそが「プロ」であり、セラピストはどこまで行っても「アマ」なのです。この逆説からも、クライエントに学べるセラピストこそ真の専門家である、ということが導けるのではないでしょうか。

このように考えると、セラピストは呑気な「お人好し」では困るが、「人が悪い」ために素直でないのも困る、ということになります。人のこころが未知であることを忘れない素直さこそ、常に発見し続けることのできるクライエント中心療法の基本であり、人間ひとりひとりの存在価値を実証する事例研究の精神といえましょう。

見立てと考察

先の『モービー・ディック』の青年の事例は、引きこもり状態の彼を、両親が大学の学生相談所に連れて来たところから始まりました。じつは、彼らが到着するその日の午後から、天気が急に悪くなり、昼間なのに文字どおり夜のように暗くなり、激しい雷雨に見舞われたのです。その印象はきわめて強く私の記憶に残っています。その雷雨がようやく収まった頃、彼と両親が到着したのでした。

この激しい雷雨は私にとって、クライエントの物語の最初を飾る忘れられない出来事でした。その後の何年にもわたる、外的には変化の少ない時期は、彼がひたすら暗い憂うつの世界に沈潜した時期でもあります。そしてそのあと『モービー・ディック』の話題が登場したのです。この話題が私に強い印象を与えたことは先に述べましたが、いわば「雷雨」と「白鯨」のイメージがこの物語に付随しているのです（ユング心理学が似合う世界ともいえましょう）。

クライエント中心療法の視点は、クライエントが自身の可能性を生きる力があることに注目します。イメージの世界の展開も、その力のあらわれと見ます（両親との相談も、彼の生活面で展開の条件を整備する意味があったと考えられるかもしれません）。イメージの世界であれ、日常の世界であれ、クライエントの可能性が真に展開するところをいち早く発見し、そこに肯定的なまなざしを向けて、クライエントの人間的成長を見守るのが、クライエント中心療法の発想の基本なのです。

ひとりの人間としてのクライエントの「不安」と「希望」、「イメージの世界」と「日常の世界」などの側面をありのままに認め、同時に、それらが日々変化してゆく様子をひとつの視野に収めて尊重することが、心理療法における《見立て》の作業の内容です（言葉遊びのようですが、《見立て》とは、大事な相手を「立てる」ことであり、また相手の「立場」を認めることでもある、と考えてみてはいかがでしょう）。

事例研究では、このような意味での《見立て》を明らかにしつつ、事例を《考察》してゆきます。

事例の経過における「クライエントの対人関係のパターンのあらわれ方とその変化」「イメージ世界の展開とその意味」「日常生活のありようとその変化・発展の具体的なかたち」「生活史の語られ方とそこから展開する連想」さらに「固有の症状の推移」などが、それぞれに――また交互に関連して――出現する様子に注目して、経過を読み解く必要があります。クライエント中心療法の人間観は、ある意味で白紙に近く、その基本的な人間肯定は明確なので、セラピスト自身の個性もまた《考察》の性質の重要な決定因となるかもしれません。

《考察》は、クライエントの在り方に関わるだけではありません。関係の重要な要因であるセラピストの人間的な在り方が相互作用にどのような影響を及ぼしていたか、を考えることにも大きな意味があります。文字にしにくいこともあるでしょうが、抑制を効かせたうえで適度におこなうと、事例研究の質を高め、書き手にも読み手にも学ぶところが多くなるでしょう。

本章は「臨床心理学研究の基礎」〔『臨床心理学』第二巻第一号 二〇〇二年〕・「事例研究の視点」〔『臨床心理学』第一巻第一号 二〇〇一年〕をもとに大幅に筆を入れたうえで構成されたものです。なお、本章に関連して次のような文献があることも記しておきます――拙論「心理臨床的立場」〔『診断と見立て』培風館　二〇〇〇年〕など。

神田橋條治『精神療法面接のコツ』〔岩崎学術出版社　一九九〇年〕
河合隼雄『カウンセリングの実際問題』〔誠信書房　一九七〇年〕
村瀬嘉代子・青木省二『心理療法の基本』〔金剛出版　二〇〇〇年〕
中村雄二郎『臨床の知とは何か』〔岩波新書　一九九二年〕
尾高邦雄「マックス・ウェーバー」〔『世界の名著　61』中央公論社　一九七九年〕
岡昌之「面接によるアセスメント」〔氏原寛・成田善弘共編『臨床心理学　2』培風館　二〇〇〇年〕
岡昌之「大学生の不登校・ひきこもりとその周辺」〔『臨床心理学』第六巻第二号　二〇〇六年〕
佐治守夫・岡村達也・保坂亨『カウンセリングを学ぶ』〔東京大学出版会　一九九六年〕
清水幾太郎「コントとスペンサー」〔『世界の名著　46』中央公論社　一九八〇年〕
下山晴彦・丹野義彦編『講座　臨床心理学　1　臨床心理学とは何か』〔東京大学出版会　二〇〇一年〕
末永俊郎編「心理学」『講座　心理学　1』〔東京大学出版会　一九七一年〕
梅本堯夫「心の科学」〔藤永保ほか編『講座　現代の心理学　1　心とは何か』小学館　一九八一年〕
山中康裕『こころに添う』〔金剛出版　二〇〇〇年〕
吉田正昭『心理学史から　第一集』〔サイエンス社　一九八三年〕

第二章　実践の感覚と思考

始まりを大切に

臨床心理学的援助の実践としての心理面接において《初回面接》はとくに重要です。もちろん、その後の面接も同じように重要ですが、それらが生きるのは初回面接がしっかりとおこなわれている場合なのです。面接が何回か進むうちに、なんらかの困難が生じたとしましょう。その際に、慌てず冷静に初回の面接を振り返ってみると、多くの発見ないし再発見が可能となります。

これをいいかえるなら、クライエントの話を聴いていたつもりが、実際はあまり聴くことができていなかったとか、ある言葉にそのときは感心したのだが、その後、印象が薄らいでしまい、その意味が失われてしまった、というようなことが多いのではないでしょうか。あるいは、「ここが重要なところらしい。ようやくわかってきた」などと感心していると、じつはそのことをクライエントはすでに初回で語っていた、ということがわかって愕然としたりもします（「松のことは松に習え」といわれますが、まさしく「クライエントのことはクライエントに習う」のが賢明なのでしょう）。

ただし《初回面接》だけを強迫的に意識するのも考えものです。大事なのは「クライエントは初めから何気ない言葉や特有の沈黙によって自己を表現している」という事実に気づくことなのです。初回においてとくに凝縮している可能性があるクライエントの自己表現の中身を充分に活用するのが、セラピストの知恵であり、責任でもあるのではないでしょうか（心理臨床の仕事では、精神医療と比較しても、とくに「言葉」および「沈黙」を介した相互作用が重要な意味をもちます。だから、それらを丁寧に検討すれば、そこにひとつの「こころの世界」の提示があるのがわかるのです）。初回面接を充分に活用することによって、心理面接の仕事は、安定した深まりを獲得できるものと考えられます。

これはサイコセラピーであれ、カウンセリングであれ、コンサルテーションであれ、共通のことでしょう。そこで本節では《初回面接》でとくに配慮すべき事柄について、実践的な側面を重視して書いてみたいと思います。それをとおして、心理面接で真に大切なことはなにか、臨床心理学的援助の実践において本質的なことはなにか、といったことにも示唆をもたらすことができれば幸いです。

話の全体をとらえる

セラピストは、クライエントの話の全体をそのままとらえようと努力する必要があります。性急にまとめすぎず根気よく聴いていると、相手の話がじつは多様でしかも矛盾を含んでいるように思われることがあります。そのような場合でも、広い視野を保ち、相手の「世界」全体を理解すべく対応を工夫する必要があるでしょう。

たとえば、勢いよく父親の批判をしている青年の話のなかに、一方では微妙な依存心が窺える言葉が出てきたとしましょう。彼の父親批判が印象的だと、セラピストのなかでそれが優勢となって、それに矛盾するような言葉はどうしても収まりにくくなります。または、矛盾に気づくと、それを指摘したくなったりするかもしれません（それをすると、クライエントの話の流れを妨げることになりかねません）。こういう場面に臨んで、落ち着きを保ち、適度な集中力をもって話を聴き続けることこそが、専門的能力の証明ではないでしょうか。もしくは、無理なく質問できるならそれもひとつの能力でしょう（ただしこの場合も、その質問にセラピストがこだわりすぎると逆効果でしょう。つまり、「質問に答えてほしい」という気持が強すぎると、相手の世界への感心にムラが生ずるのです）。

いずれにしても、相手が語った個々の言葉に均等な関心を向けて聴き続けることができると、やがて相手の世界の別な面が見えてくるはずです。そこで、青年による父親批判の「もっともだ」と思える点と、「なぜそんなにこだわるのか」と訊きたくなる気持を共存させて聴いてゆけばよいのです。というのは、セラピストにそれが出来ると、クライエントがやがてみずから新たな視点から話し始める可能性があるからです。

あるいは、子どもの問題で相談に来た母親の話が多岐にわたり、聴いていて相談員が困惑するような場面を考えてみましょう（こうした場合には「会話の場に母親の情念が渦巻いていて、それを相談員が受けとめかねている」という事実も考慮すべきですが、それはひとまず置きます）。

たとえ多岐にわたり混乱しているように感じられる話であっても、そこに重要な事柄が多く含まれていて、工夫しだいで気の利いた応答ができることもあります。そして、母親の内面の苦しさは明らかなのだから、さしあたり相談員としては「これはわかる」という点に関して応答するのもよいかもしれません。つまり「わからない」ことより「わかる」ことにまず焦点を当てるのです（これは普通の仕方とは反対のようでもありますが、広い視野でものを見れば、それほど不自然ではないでしょう）。

これはいわば「臨機応変」の知恵です。ただしこれを活かすためには、相談員がその場に充分に関わって存在していることが条件となります（「臨」の一字は、広い視野をもってその場にしっかり居ることを含意するようでもあり、まさに「臨床」という言葉の意味あいを見事に表しているとも考えられて興味深いと思います）。初回面接ではとくにこの感覚が重要です。なぜなら、この感覚からすれば、母親の話が多岐にわたるのも無理からぬこととして、肯定的に受けとめられる可能性――母親の「話」を母親の「こころ」と切り離さずに全体として受けとめられる可能性――も出てくるからです（これは《受容》という言葉の本来意味するところでもあります）。

ちなみに「臨場感」「臨海学校」という言葉でも、「臨」の字には、なにか大きな領域に接して広い視野と集中力をもって関わりそこに居る、という意味あいがあるのではないでしょうか。ということは、ある程度それから影響をこうむるかたちで関係をもつということになります。にもかかわらずそこに関わる人間の存在意義は小さくない、というところが興味深く思われます（よく話題になるスクールカウンセラーの実践なども考えあわせると、示唆するところが大きいようにも思われます）。

見えないものの重さを感じる

先の、父親を批判しながら微妙な依存心をも窺わせる青年の例で、再び考えてみましょう。青年がこれでもかと批判する父親像は、あまり立派なものではありません。誇張され戯画化されているようにも見える存在です。またその父親に対して、それと知らずか依存心を見せる青年にしても、「なんだ、そうなのか」と言いたくなるような「甘い」ところが指摘できましょう。にもかかわらず、いやそれゆえにか、聴いているほうは気が重くなってきます。この重苦しさが、落ち着いて聴き続けることを困難にするのです。

そこでセラピストは、「なにがそんなに重いのか」と考える必要があります。これにはさまざまな答えがあるでしょう。まずは、この青年にとっての現実の父親の存在の重さです（アンビヴァレンスというこれまた重い言葉がありますが、まさにそれです）。青年にとって、父親の存在はかくも大きいのです。そう考えると、父親は、戯画化できるほど軽い存在ではなく、また単純に依存できるほど安定した存在ではないのかもしれません。ここに青年の悩みがあるのではないでしょうか。そしておそらく裏側には、息子に対する父親の悩みがあるのでしょう。この関係の重さこそが、セラピストによって感じとられ理解される必要があります。

もし初回面接においてこのような認識が得られれば、その後の面接の安定要因のひとつになるかもしれません。アンビヴァレンスという用語を機械的に当てはめるのではなく、語られないものの重さを充分に感じることが必要なのです。

もうひとつの例、子どものことで相談に来たあの母親から感じられた情念の渦は、何だったのでしょうか。

相談員は、そのパワーに巻き込まれないで居るだけでも、ひと仕事です。もちろん巧妙に逃げてしまうようでは話になりません。ある程度それに対抗しつつ——しかし対抗しきれず——そこに留まって関係を維持することが、相談員には求められるのです。「この渦巻きの源は、いったいなんなのか？」……それもまたよく見えないものであり、なにやら重い存在としかいいようがないでしょう。それを感じとるのは骨の折れる仕事ではありますが、初回面接でそれが出来れば、そのあとの面接は相対的にずいぶん楽になるにちがいありません（それに、母親が「自分の気持をわかってもらえた」と思えたら、双方にとって幸運でしょう）。

〈精神病〉圏のクライエントに心理臨床が提供できる援助は、彼らの心身および生活の中心にあるこの種の「重さ」をセラピストが感じとり、適度に受けとめることから始まるのではないでしょうか。それは容易なことではありませんが、多少なりとも出来れば、援助的な会話はむしろ無理のない普通の会話となり得ます。つまり、コミュニケーションじたいがささやかな援助となり得るのです（また、そこで語られるクライエントの言葉は、地味ではあるが深い意味あいをもつことが多いので、セラピストはそこから多くのものを学べることでしょう）。

あるいは、深刻な事例において生育歴や家族歴を聴く条件としても、この「重さ感覚」の共有を考えられるでしょう。その条件の欠如しているところでの事務的・機械的な聞きとりは、不毛であり、危険でもあります。またそうでなくとも、クライエントの語りがセラピストの好奇心を刺激する場合も注意を要します（クライエントはしばしば、セラピストに惹かれて語るうちに自分のペースを見失ってしまいます）。セラピストは整理整頓に熱心なあまり、知らず知らずクライエントに負担をかけていることに気づかないことが多いようです（セラピストの側の強迫性は、注意を要する難物です）。「思い出はひとつだけでも充分に重いのだ」ということを忘れないでおきたいものです。

摑み難いものを認める

たとえば〈自己臭恐怖〉のような訴えは、受けとめるのが容易ではありません。臭《にお》いというものがそもそも、うつろいやすいものです。しかし同時に、人のこころに強い影響を与えるものでもあります。だからこそ自己臭恐怖の不安は、ひときわ強烈な体験としてその人に迫るのでしょう。その事態を受けとめ、その人を援助するには、それなりの工夫が必要です。初回面接という設定で、この問題を考えてみましょう。

まず、クライエントは、来談するのにかなりの決意を要しています。それだけに、それを受けとめる初回面接の意味は大きいのです。セラピストは、いちおうこの症状に関する理解があったとしても、面接においては戸惑うことが多いでしょう（戸惑うことを通してこそ援助が可能になる、ともいえるのですが)。クライエントの不安も、その原因も、まことに摑み難いものです。そうであるからには、その摑み難さに悩まされているひとりの人間としてクライエントを認めることが重要になってきます。実際、この症状のクライエントは、人に認めてほしいのです。自分自身に関わる重大な事実を、相手に認めてほしいのです(彼らは『先生はどうして認めてくれないのですか』と言うことさえあります)。

だからセラピストは、クライエントの訴えのなかにあるなにかを、認める必要があります。それは「自己主張」といってもよいでしょう。クライエントは、なにかしら自己主張をしたいのだが、その自信がないのかもしれません(「自信」こそ摑み難いものです。けれども大事なものでもあります)。クライエントのこうした自分への「こだわり」と周りへの「気づかい」の複雑な混ざり具合を感じとって、それを言葉で表せると、セラピストは同じ〝人間〟としてクライエントと関わり始め、そこからささやかな援助の可能性が出てくるともいえましょう。

いいかえれば、セラピストはクライエントの症状の存在に関心をもっている――しかしクライエント自身のようにわかるわけではないことを自覚している――人間として、関係を維持していくのです。これがもっとも援助的な在り方かもしれません。それは、摑み難いものを認めることでもあり、また、摑み難いということを認めることでもあります。したがって、このようなセラピストの在り方を伝えることが、初回面接の課題ということになります。そして、いわば伴侶としてのセラピストの存在を支えに、クライエントは自主的に「自信」とか「自分」とかいう〝摑み難いもの〟をそれなりに摑む試みをしてゆくことでしょう(なお、クライエントの「こだわり」や「気づかい」がきわめて希薄で拡散しやすいものである場合には、この症状は〈神経症〉の水準ではなく〈精神病〉の水準であるかもしれません。初回面接では、そうしたことも認識される必要があるでしょう——その場合は、面接の課題は「自己主張」ではなく「自己の保持」ということになります）。

〈離人症〉の場合でも、問題の性質は似た面があるかもしれません。セラピストは、クライエントの自己発見・自己体験の試みを適度な距離から見守ることを仕事とします。一方、クライエントの仕事は、いうまでもなく「自分自身を実感すること」です。初回面接は、そのような意味でのふたりの作業同盟の確立をその目的とすることになりましょう。

　ここでとりあげた以外の症状や問題についても、「摑み難いものを認める」という作業は、心理面接という仕事の中心にある事柄であるといえそうです。そして、初回面接においてこの点が相互に確認されると、その後の面接の過程が創造的になるにちがいありません。

読み解くこと

クライエントは一人ひとり、独自の言葉をもっています。その色あいや味わいに馴染んでくると、クライエントの話は無理なく聴いていられるようになります。そのためにも初回面接では、それを速やかに可能にすべく、工夫が必要となります。

　クライエントの話を全体として捉える努力については、すでに述べました。「言葉を生かす」というのは、それをより的確に読み解くことなのです。そして他でもなく初回面接で、その後の〝読み解き〟作業の基礎となるところを仮設できるのです。つまり、クライエントの人間像を探ることは、面接の経過の全体にわたっておこなわれますが、その骨組みは初回面接において作り始めることができ、これによって、漠然と受けとめてしまいそうな言葉を大事にして、その意味あいを細やかに味わうことができるようになるのです。

ところで、クライエントの言葉を読み解き、その人の世界を描き出す際に重要な、いくつかの視点があります。

まずは、コミュニケーションや行動の「傾向」および「パターン」です。人は、その人に特有の語り口があります。〈ヒステリー傾向〉の誇張や調子のよさとか、〈強迫傾向〉の理屈っぽさや細かさなどがその例です。行動の傾向でいえば、なにかしら仕出かす〈境界例〉や、付き合いのわるい〈分裂気質〉などが挙げられるでしょう（これらはどれも「レッテル貼り」になっては甚だ不毛なものですが、丁寧に扱えばなかなかの効果を発揮する道具にもなり得ます）。

次に、その人の世界を表すものとしての「イメージ世界」があります。これは、夢や箱庭に現れるようなものに限らずとも、日常的な、昆虫が好きとか嫌いとか、海が好きとか山が好きとかいうような事柄でもよいでしょう。

たとえば、長期にわたる引きこもりの男子の事例で、あるときから彼が昆虫を育て始めたとしたら、それはやはり興味深いことと考えられます。その昆虫飼育の意味をセラピストが深く——仮説としてであれ——考えられれば、クライエントの心的世界への〝読み解き〟は安定的になるにちがいありません。さらに、その青年が久しぶりに遠出をして夏山に出かけたりしたら、その意味はじつに大きいといえるでしょう。このような〝読み解き〟の技術は、常日頃から習練を積んでいると確実に向上します。そしてその技術は、初回面接からおおいにセラピストを支えてくれるのです。

またたとえば、クライエントは父親の転勤でしばしば転校していた、というような事柄も、漠然と聞き流すべきではないでしょう。なぜなら、どの学年のときにどの県にいたか、というような細かいことがクライエントの物語の全体に重要な意味をもつことが少なくないからです。あるいは、父方の祖母と母方の祖母の性格の違いなども、さらりと語られて、聴くほうも気にせず聞き流してしまいそうになりますが、それはもったいないことです。そのような話の細部が、その後の「語り」に実に精妙な関連をもっていることは少なくありません。

このように〝読み解き〟の作業は、セラピストに特別の集中力を要求してきます。そしてこの技術は、いわば「言葉」と「沈黙」だけが勝負の臨床心理士が、是が非でも究める必要のある分野だと思われます（臨床心理学の知識は、ただそれだけでは現場でたいした意味をもちません。学者の独りよがりや学生の遊び道具であっては、社会から高い評価は得られないでしょう。困難な局面でも「謎をひとつ解く」ような一言を出せることが、心理臨床の仕事の専門性の重要な一部なのです。初回面接から難事に臨んで、事態の重さを受けとめつつ、柔軟な対応と理解を示す、そうした力量を培う強い意志をもって日々の仕事をこなしてゆくことが望まれましょう）。

概念を活用して整理する

ここで、本節で述べてきたことを図式的にまとめておきましょう。

① クライエントのニードに応えるべく、広い視野・強い集中力・高い視点をもって面接の場に臨む。――これは「目」の仕事であり、《臨》の字が参考になる。

② クライエントの重い現実を、象徴的にも受けとめ、臨床的な体力を提供しつつ、そこに居続ける。――これは「足腰」と「腹」の仕事であり、臨床や病床という言葉にある《床》の字の大地的なイメージが参考になる。

③ クライエントの言うに言われぬ気持、微妙な心身の感じを、どこまでも尊重し、専門家的な頭の先入観を押しつけない。――これはいわば「胸」の仕事であり、《心》の字の柔らかさが参考になる。

④ クライエントの一見混沌としたこころの世界に隠れた秩序・構造を発見すべく頭を使い、言葉を生かす。――文字どおり「頭」の世界であり、秩序・構造を意味する《理》の字が参考になる。

臨床心理学的面接の体験を、概念を活用して整理することも、意味あるでしょう。初回面接で得た貴重な内容を無理なく整理し、次の面接のために準備しておくことは、専門家の仕事です（臨床心理学的な〝見立て〟の意味はそこにあります）。精神医学の用語や精神分析の諸概念、心理検査や学習理論および発達理論の知識が役に立つかもしれません。

その際、第一に重要なのは、援助を求めるクライエントの体験と実感であり、セラピストはよく準備したうえでタイミングよく「言葉」や「沈黙」を提供することを任務とします。心理学の理論は、この援助を背後から支えるための枠組なのだから、その枠組は相当に緻密で堅牢でなければならないでしょう（その「学」は、臨床家一人ひとりの貴重な体験をつぶさに調べることで洗練できます。そして、各々の臨床家は自分の個性に合った「学」の系譜を求めて探究を続ける必要があります）。

そのためには、たとえばクレペリンやヤスパースの古典を——その一部でも——じかに読んでみることは〝読み解き〟の実習にもなります。フロイトやユングの本もそうです。思春期のクライエントが紹介してくれる漫画・劇画などもまた、臨床家の生きた教養を育んでくれる贈り物です。そしてクライエントの初回面接における「語り」と「沈黙」こそが、丁寧に検討すれば一冊の本にもならんとする豊かな内容を含んでいるのは間違いありません（セラピストはその内容を消化し、意味のあるわかりやすい言葉を一つか二つ返すことを試みるのです）。

面接の目的を考える

心理面接では、その目的が明らかになる必要があります。たとえば〈自己臭恐怖〉を訴えるクライエント自身の考える目的は、実在する「臭《にお》い」を無くすことでしょう。一方、セラピストが考える目的は、クライエントの「不安」を軽減して「自信」を回復してもらうことです。もちろん初めのうち、両者は完全には一致しません。お互いの求めるところは、なんらかの関連をもちながらも、揺れることが多いものです。単純明快に説得できないのが難しいところです。ひょっとすると、この「揺れ」や「難しさ」こそが、クライエントの置かれている心理状態をあらわしていると考えられるかもしれません。こうした場合、面接の目的はすぐには固まりませんが、それをお互いがときどき考えることに意味があることになります。

このように摑み難い場合でなければ、面接の目的はもっと明確でしょう。たとえば、子どものことで相談に来られる母親や父親のコンサルテーションではそうかもしれません。ところが、すでに述べたように、話が多岐にわたるような母親との面接においては、事はそう単純ではありません。ならば、セラピストが『お母さんのお話も大事ですけれど、子どものことをもう少し話してほしい』などと伝えるにしても、「じつは子どものことと他のことが深いところでは関連している」という感触をもったうえでのことだとよいでしょう。そうすると、お互いが考える「目的」を同居させることが当面のやり方、ということにもなり得ます。

いずれにしても、混沌とした状況のなかにある程度明確な方向性が見出せたなら、それはひとつの成果ではないでしょうか。

ただしここでも、セラピストの力量が問題になります。セラピストとして「このクライエントの問題はこのような性質をもっている」と明言できるだけの認識・見識がまず必要でしょう。それに加えて、「いまクライエントが自分の問題をそのように認識している／していない」という微妙な事柄についても配慮する必要があるでしょう（こうした配慮が欠けると、セラピストの言葉は「的はずれ」となります。逆に、クライエントの思考と感情の特有の在り方をよく理解して言葉を選べば、それは相手にとっても「的を射た」言葉となります）。そうするうちに、クライエントの言葉のなかにも、セラピストが受けとめやすい部分が登場するかもしれません。そのような接点を手がかりにして、面接の目的と形態を協議していくことが出来ればよいのではないでしょうか（また、面接の目的を考え話しあうことじたいが、援助的関係を構成する重要な要素ということにもなり得ます）。

私たちセラピストは、自分の〝見立て〟を明確にもったうえで、それにもとづいて相手の言葉を味わい生かしながら、相手にとっての面接の意味を話しあっていく余裕をもちたいものです。お互いの立場を理解しあいながら、クライエントとセラピストが共通の方向性を模索してゆけそうになったなら、それは「呉越同舟」ではなく「真に援助的な協力関係」ということができるでしょう。もしかすると、その時すでに、クライエントに潜在的にあった〝面接の真の目的〟が明らかになりつつある、ともいえるかもしれません。

読み解きと語り返し

前節では、初回面接に凝縮される心理療法の要諦について俯瞰してみましたが、なかでもその後のカウンセリング過程で重要になってくる「解釈」あるいは「読み解き‐語り返し」を、ここで見つめ直しておきたいと思います。

カウンセリングにおいて「解釈」という言葉が使われることは少ないのではないでしょうか（それと比べて《受容》《共感》ということはよく言われます）。この言葉が多く使われるのは精神分析においてです（ここから一般的に「精神分析では知性がとくに重要であり、カウンセリングでは感性がとくに重要である」というような漠然としたイメージが発生しがちですが、それはあまりに一面的でしょう）。精神分析的な「解釈」は思考機能の精髄の一形態でしょう。しかし精神分析的な設定とは異なるカウンセリングのさまざまな形態においても、カウンセラーの分析的（精神分析より広義の）知性は、質の高い思考を可能にしてくれます。その種の知性こそが、カウンセラーに、クライエントの語りを「読み解」きクライエントへ「語り返」す技術を提供してくれるのではないでしょうか。これがカウンセリングにおける解釈の作業です。したがってそれは、カウンセラーにおける内的作業であると同時に、クライエントに直接はたらきかける作業でもあります。

読み解きの技芸

カウンセラーは、クライエントの語りに耳を傾けると同時に、自分自身の内奥の声に耳を傾け、そこに聞こえる言葉を理解しようとします。人の声は、人の気持、からだやこころの状態を細やかに伝える力をもっています。そして、この精妙な音響的世界を受けとめることが、《傾聴》という作業の重要な部分を成しています。この作業の内容は、一種の「世界体験」です。この体験の摑み難さと豊かさは、音楽芸術の特質にも通じます。身体全体が関与する広大な世界がそこに出現するのです。翻《ひるがえ》って〝読み解き〟の技術は、このような音響的世界とは一種対極にあります。その世界はいわば地味な散文的な世界であり、しかも限りなく個別的な世界でもあります。つまり、ある言葉、たとえば「我慢」とか「辛抱」とかいう言葉は、それが語られる個々の世界のなかで、じつに多彩な意味をもっているのです。ですから、クライエントが『我慢していたのです』と語ったとき、その人に固有の「我慢」の意味を理解できるためには、相応の苦労が伴うのではないでしょうか。

ひとつ例を挙げて考えてみましょう。

ある〈統合失調症〉の青年男子が、発病期の妄想状態のなかで母親に『人の痛みは三年我慢できる』と語りました。「石の上にも三年」ということわざがあるように、三年という歳月は、ものごとが一段落して少し楽になるような比較的長い時間を意味しています。しかしこの青年に安楽は訪れませんでした。彼は、生真面目な父母のもとで壮絶な苦闘を乗り越えて難関の大学に入学しましたが、ついにもちこたえられなくなり、進路などに関して「挫折」したかのようになりました。このとき、同じように壮絶な人生を歩んできた父親は、期待する息子の乱れた姿を見るに耐えられず、思わず痛罵してしまったのです。母親も同じように苦労の多い人生を歩んできた人で、父親のやり場のない感情を受けとめきれないまま、しかし気丈にそこに踏み留まっていたのでした。そこでカウンセラーとしての私は、おもに父親の話を聴く役になりました。

このような状況を踏まえてこの青年の「我慢」という言葉を考えると、空恐ろしい感じに襲われます。この空恐ろしさは、青年の絶望の空恐ろしさであり、意味あいは若干異なりますが、父母それぞれの人生の背景を成す日本近代史のある側面の空恐ろしさかもしれません。「人の痛みは三年我慢できる」というユダヤ・ジョークばりのブラック・ユーモアは、苦難の人生を歩んできたこの家族の物語を特徴づける効果的な色調かもしれません。この短いフレーズのなかに、青年とその父母の気の遠くなるような苦難の人生の通奏低音を聴きとることができたとき、〝読み解き〟の技術は活きており、トータルな《傾聴》の作業が可能になっている、ということができるのではないでしょうか。

ところで、父親の聴き役を引き受けた私もまた、それなりの心身の労働を担うこととなりました。苛酷で理不尽な状況を生き抜いてきた彼と向き合っていると、まるで高電圧に触れたかのようになり、私の思考機能は昂進したり混乱したりしたものです。しかし、「まともに自分を出すと人に受けとめてもらえない」という体験を積み重ねてきた彼は、なんとか踏み留まって話を聴こうとする私に思い入れを抱き、またそのことを語ることもできました。私は、父親と息子の話をある程度〝読み解く〟ことで、この困難な状況を生き残ったといえるかもしれません（しかし、父親の人生の言うに言われぬ物語を聴きつつそこに共に居ることはなんとか出来たとしても、こちらから相手に〝語り返す〟ことはよく出来なかった、というのが本当のところです）。

この父親はときどき『（さまざまな辛酸をなめてきたあとでもなお、それに）慣れるということはないのですね』と、つぶやくように語りました。これはまさしく「石の上にも三年」と反対の意味です。この言葉の真意が私にはなかなか理解できなかったのですが、後になってようやく実感を伴って受けとめられました。これはドストエフスキーの「人間は〔恐ろしいことに〕何にでも慣れてしまう存在なのだ」という言葉を連想させます。つまり、ふたつの言葉は反対のことを言っているようでいて、その世界はおおむね互いに重なっている、ということができるのではないでしょうか。

父親は、たしかに繊細な傷つきやすさをもっていました。しかしそれをカバーするかのように、妥協しない、手を抜かない、強烈な生き方を貫いていたのです。母親によると父親は、こんなに優しい人はいないしこんなに厳しい人もいない、ということでした。息子は、この父親の希望の星であり、また母親のこころの支えだったのです。父母の人生の壮絶さを純粋に精神化したかのような苦悩のゆえか、息子の妄想のなかには、旧約聖書の預言者が登場するのでした。その恐ろしい人物が、想像を絶する不安のなかにあるこの青年を導いていたらしいことが窺われました。この妄想のなかの人物は、青年に非常に厳しい命令を下しながらも、青年に言わせると「優しい」というのです。

このように考えると、青年が母親に語った『人の痛みは三年我慢できる』という、苦渋を通り越した言葉には、ドストエフスキーが流刑の体験から語った「人間は何にでも慣れてしまう存在である」という言葉と一脈通ずるものがあるのではないでしょうか。そして私には、このように隔絶した世界には、父親の情緒的世界と異なるところがあると思われました。一方、母親は、大変な状況でも「割り切れる」人であり、この点で、父親の繊細さとは気質的にも縁遠いところが見受けられました。このような個性と個性の絡みあいから、この青年と父母の悲劇が発生したとも考えられましょう。

「我慢」という語の意味内容とニュアンスについて考察してみましたが、ここで述べたいのは、クライエントの語りを〝読み解く〟ということは、「そこに用いられている日常語を、ありきたりのものとして見逃さず、時に形而上学にまで深まり得る精妙な概念として味わい尽くす意欲をもつ」ということでもある、ということなのです。日常語は専門用語と同じくらい――あるいはそれ以上に――人間性の深奥を描き出す豊かな内容をもっています。また専門用語は、厳密な概念としてそれなりに彫拓されています。そこで、常日頃からそれらを解釈し鑑賞することを困難な課題として引き受けつつ、なお味わい深い趣味として楽しんでゆければ、創造的な成果が得られるのではないでしょうか。

さて、また青年と父母の事例に戻りましょう。

『慣れるということはないのですね』とつぶやく父親は、常に傷つきやすく、しかし傷つきからも前進し続ける人でした。彼は多くの人を助け、また同時に多くの人から助けを求めようとして生きてきた人でした。その切実なつぶやきは、悲鳴のようなものとも受けとれます。うつ病的なナイーブさが感じられるのです。一方、その夫に助けられ、夫を助ける役割を担った、青年の母親は、まさに「何にでも慣れてしまう」かのように、苦労を引き受けてきたのでした。

私はおもに父親のカウンセラーとして話を聴いてきたのですが、母親からの情報をときどき受けることも仕事としていました。当の青年を医療機関に紹介する努力の過程で、一度だけ青年本人と面会したこともあります。その時点では、青年の妄想は強固で、当時の力量の私には、まったく人を寄せつけないような雰囲気として感じられました。私はおのれの非力を痛感させられたのですが、面談の最後に、青年から『父と母をよろしくお願いします』という言葉が発せられたのです。この言葉を青年が唐突に土下座しながら語ったので、私はびっくりしました。そして、あとになって、妄想的な外見の奥に潜んでいる、この言葉とこの行為の意味の重さを痛感させられることになりました。

たしかに私はその後の数年にわたり、父親の人生の苦難の物語を聴く仕事を引き受けざるを得なくなりました。その作業は私にとって、まさに「慣れるということはない」苦痛を伴うことでしたが、それが、人が語る言葉の深い意味内容に目を開かされる体験にもなったのです。慣れるということはなく、また逃げるわけにもいかない状況は、この父親の人生そのものでした。この「逃げるわけにいかない」という言葉を語るときの父親の表情は、じつに独特なものでした。それは一種の「泣き笑い」の表情であり、底なしの悲哀と情愛を感じさせるものだったのです。私は、戸惑いつつも、この父親の人生に関わらざるを得なくなりました。

〝読み解き〟技術の向上に必要なのは、まずなによりも、辛抱できるこころのたくましさでしょう（ウィニコット流にいえば、ホールディングやサバイバルのできる強さということでしょうか）。

しかし「辛抱」といっても、単に自分の知的活動を低下させてそこに居るだけでは、カウンセラーの仕事は出来ません。目ざとく差異を発見し、常に疑問をいだいて、積極的に関わることのできるこころを準備しておく必要があります。クライエントの語る重い現実に深く関わりながらも、同時に、頭を切り替え、視点を転換し、言葉を新鮮にとらえ返す能力が求められるのです。一方「我慢」という言葉に関していえば、カウンセラーがクライエントとの関係において我慢しているということは、あまり能力のないことを意味します。我慢は「漫然」とした態度を産み出し「慢心」に繋がりかねず、ますますクライエントをいらいらいさせることが多くなるかもしれません。

私の経験からすると、多くのクライエントは初めから、自己についてであれ、関係についてであれ、意味の豊かな個性的な言葉を発しています。それをとらえて活用するのは、カウンセラーの洗練された直観の能力でもあります。もちろん、クライエントの物語はしばしば不安の産物であり、表面的な理解では解き明かせない部分も多いでしょう。その意味では、精神医学や精神分析の概念と発想を学んでおくことは、〝読み解き〟能力の養成においては必須となります。しかしそのような分野の知識は、カウンセラー本来の感受性を実践向けに開発するための知的刺激であるかぎりにおいて有益なのではないでしょうか。そうでなければ、クライエントの世界をありのままに理解する際には有害な先入見ともなりかねません。専門用語というものは、カウンセラーのなかで充分に咀嚼されていないと、クライエントの世界の〝読み解き〟にはあまり役立たないことも多いのです。

ただしこれは、「カウンセリングは頭ではなくこころで」「言葉ではなく気持で」などといわれるようなことではありません。こころや気持はもちろん大事です。しかしだからこそ、カウンセラーはおおいにみずからの頭を使うべきでしょう。また、混乱しているように見えてもクライエントは時になかなか面白いことを考えている、ということを発見すべきでしょう。そのためには、クライエントとの共同作業を遂行しながら同時に「万巻の書」を読むべきでしょう（これらの「べき」は、カウンセラーの専門性の重要な内容を成すといっても過言でないかもしれません）。

カウンセラーの技芸は、おもにクライエントの言葉――およびその背後に潜む「不安」と「創造性」――を適切にあつかうところにあります。この技芸は、終わりなき修練の道でもあるのです。

語り返しの試み

クライエントは語ります。これは自己表現の試みです。それに対してカウンセラーは耳を傾け、理解しようとします。クライエントの努力に対する返答は、おおむね「理解ある沈黙」です。ここに完全な沈黙と安らぎが関係のなかに存在することもあり得ましょう。しかしこれは理論的にしか可能ではありません。

よりよい理解を目指して、カウンセラーは語ることができます。その〝語り返し〟のなかには、ある程度の理解が含まれていることが望ましいでしょう。若干の誤解が含まれていることはやむを得ません。しかしクライエントの立場からすれば、「やむを得ない」では済みません。カウンセラーの〝語り返し〟は、こうした意味で試行錯誤の性質を帯びてきます。

このようなカウンセラーの試行錯誤する姿が、クライエントにとって肯定的な感じで受けとられれば、その姿はクライエントの自己探求の支えになるかもしれません。カウンセラーの〝語り返し〟は――その人の全体的な在り方とあいまって――クライエントに影響を及ぼし、その影響のもとで、クライエントの次なる語りが創り出されるのです。この複雑微妙な相互作用を創造的に活かす工夫こそが、カウンセラーに求められるのでしょう。そこで、「この相互作用そのものが、関係のなかで、どのように、どの程度、語られるべきか」が、これまた複雑微妙な問題として浮かびあがってきます。たとえばフロイト派では、この問題を爽やかな朝陽のなかで語れることが、精神の健康度の指標とされるようですが、これには一理あるでしょう。ユング派は、フロイトの考えに理解を示しつつも「この種の問題は、時に隠微な月の光のなかでしか、その真の姿を現さない」と言いたいようでもあります（創造的な過程がしばしば「月の光」のメタファーに馴染みやすいという主張にはやはり一理ある、と芸術的な感受性はいうかもしれません）。ロジャーズ派の立場なら、なによりもクライエントの個性によって決定される方向性を尊重することが賢明だ、ということになりましょうか（そのためにはカウンセラーが、配慮しつつも素朴に自己表現できていることが求められます。カウンセラーが神経症的な権威主義から自由であることが、なによりも重要なのです。しかもレパートリーが広くなければ務まりません）。

いずれにしても、カウンセラーの〝語り返し〟によって、クライエントが自己探求という困難な作業を根底から支えられ、適度に励まされ、あるいは「自分のペースが充分に生かされている」という実感をもてることが、創造的過程の条件なのではないでしょうか。

〈神経症〉レベルのクライエントを例にとってみます。

古典的な〈対人恐怖〉であれば、クライエントは、対人関係における自己の不自由・不利・不快・

不満を精力的に語り続けて、相手に同意を求めることでしょう。カウンセラーは、クライエントの混沌としたエネルギーを受けとめながら、クライエントの言葉のとくに表現性の高い語り口を丁寧に拾い上げて、「不自由な世界の実感を少し理解した」ということを〝語り返す〟ことができます（これはバーバルな作業です）。また同時に、相手の不自由の、こちらをも拘束してくるような作用に対してもちこたえ、時にうまく身をかわし、自己の心身の機能を守る必要があります（これはノンバーバルな作業です）。

相手の混沌とした話のなかに、クライエント本来の「傷つきやすさ」をあらわすような話や言葉が出てきたら、すばやくそれをすくいあげる機敏さが求められます。そのためにも、カウンセラーは心身の余力を残しておく必要があります。その言葉を自然な流れのなかで〝語り返し〟に活かすことが出来れば、クライエントは少し癒されるのではないでしょうか。私のカウンセリングの立場では、相手の言葉を厳選しての「繰り返し」は、もっとも洗練された〝語り返し〟になり得ます。それを可能にするのが、「万巻の書」を読もうとするような意欲にもとづいた〝読み解き〟の能力と、「坐忘の術」によって鍛えられた精神の瞬発力なのです。

これはやや感覚的な言い方だと思われるかもしれませんが、楽譜や戯曲の「解釈」が「記号や文字の行列の奥にある意味内容を身体化すること」であることを思い出すと、理解しやすくなるのではないでしょうか。クライエントへの〝語り返し〟の意味は、言葉が厳選されていること、声が調整されていること、そしてカウンセラーの存在が自然に感じられること、これらによって深まるのです。

〝語り返し〟は一種のお返しです。カウンセリングもまた社会に数ある人間関係のひとつなのです（日本的にいえば、「お互いにがんばる」感じがなければ「やっていられない」のです）。

ただ、〈境界例〉レベルのクライエントに対する〝語り返し〟作業は、しばしば困難となります。しかも、ただ黙って聴いていれば関係が出来るというものでもありません。なんとかカウンセリングらしく面接が続いているとカウンセラーが安心していると、あるとき急にクライエントから『無駄になった時間を返せ』などと言われてびっくりすることもあります。こうした場合、それまでカウンセラーが語り返していた言葉がクライエントには意味ある「お返し」とならないものだった、ということかもしれません。

ところがその際、カウンセラーが焦ってクライエントの病理を研究して、それまでより少し厳しいことを言ったりしても、「さすがプロ」などと尊敬されはしません。つまり、その厳しい見解にも本来の「お返し」の価値はなく、急ごしらえの粗悪品であり、クライエントにとっては「仕返し」のようなものとして受け取られる危険性があるのです（もちろん、心情的な謝罪や慰めの言葉も、あまり効果をもたないでしょう）。

いわば小手先の言葉は、まったく無力なのです。そもそも〝語り返し〟の作業は「試行錯誤」ですから、このようなときは、その状態にある自身を相手に提示することで、関係を相手に委ねるしかありません。そうした基本に立ち返ってはじめて、関係の再構築が可能となるのです。これはけっして、相手の温情にすがるということではありません。カウンセラーが自分を心情においても論理においても突き放して見て、その結果、相手の精神的な荒野の索漠たる風景が視野に入ってきたときには、意図しなくとも自分もまたその風景の「点景人物のひとり」くらいにはなっている、ということなのです。このときはじめてカウンセラーはクライエントに近いところに立っている、とさえいえるかもしれません。

このような関係におけるカウンセラーの在り方は、「クライエントよりよくわかっている」あるいは「なにかをわかっている」といった一般的なイメージとはほど遠いものになります。私に浮かぶひとつのイメージとしては「山田のかかし」です――その目にはなにも映らず、炎天下や風雨のなかようやく立っている。しかしながら、立って居られるところに意味があり、その効用はそれなりにあるのです。

生身の人間がこれをして居られるには、相当の〝読み解き〟能力がなければなりません。そして〝語り返し〟においては、気の利いたことはあまり言わず、不適切なことも言わないで、なにかを語れることが肝要です。このような意味でのお返しが――関係のなかで――なぜか〈境界例〉には有益なのです。そしてこれは、プロとしての修練を経て到達できる味わい深い境地でもあります。さらには〈精神病〉圏のカウンセリングにおいても類似のことがいえるでしょう。少し異なるのは、世間との軋轢で疲れ切ったクライエントとカウンセラーの困難な関係のなかにも、かすかに慰めあう雰囲気が出てくる点です〔この現場については本書第II部で詳しく紹介したいと思います〕。

第Ⅰ部のここまでは、心理面接の初回から全行程にわたって欠かすことのできない視点を拾い上げて問い直してきましたが、次章では、そうした留意点のおそらくすべてを支える（ある意味で心理面接の〝息吹〟とでもいえそうな）「イメージ」や「言葉」の問題について、改めて考えをまとめておきたいと思います〔この問題は心理臨床の礎《いしずえ》でもありますから、第Ⅰ部の総まとめとして読んで頂ければ幸いです〕。

本章は「初回面接における臨床心理学的知識と配慮」〔『臨床心理学』第一巻第二号 二〇〇一年〕・「カウンセリングにおける『解釈』」〔『臨床心理学』第一巻第五号 二〇〇一年〕をもとに大幅に筆を入れたうえで構成されたものです。

第三章　面接室に満ちる息吹

イメージと言葉を生かす知恵

心理療法における〝イメージ〟と〝言葉〟の関係は複雑で、なかなか明瞭には説明できません。イメージと言葉は深いところでつながっていて、その深いところに、豊かで恐ろしいものが潜んでいるのです。イメージ喚起力のない言葉は無力であり、まったく言葉にならないイメージはしばしば不安を喚起します。

心理療法においてクライエントは、さまざまな〝イメージ〟や〝言葉〟を駆使して自己を表現します。そして対話のなかでそれらが生かされれば、クライエントにとって意味のある時間となります。一方、生かされるとは、それらの豊かさと新鮮さがセラピストに伝わってくることでもあります。そのときセラピストは、イメージと言葉の深層・深淵を覗き込んだような体験をします。セラピストはクライエントの「生命力」と「精神力」を実感し、相手に対する敬意を自然に抱くことになるのです。このような関係がクライエントの人間的生活を援助する可能性がある、というのが心理療法の発想だといえましょう。

その意味で〝イメージ〟と〝言葉〟は、心理療法のいのちです。つまり、摑み難くて重要なものなのです。だからセラピストはなにをおいても、イメージと言葉の世界に通暁し、その深層を探求する必要があります。たとえば『死にたい』と語るクライエントに対しては、じつにさまざまな対応策が論じられるでしょうが、いずれにしても、『死にたい』と語られたその言葉の響きとそれが喚起する不安なイメージの渦からセラピストが逃げようとしたら、相手のいのちを救うことはできません。「死にたい」という言葉を「生かす」とは、まさに逆説です。その言葉のいのちとは、「そのときクライエントは、他のイメージや言葉では自己を表現できず、その言葉を語ることはできた」という関係の事実のなかに存在します。その意味でセラピストにできるのは、「その『死にたい』という言葉を、まるで雛鳥を絞め殺すように抹殺することはしない」ということ以外にはないのではないでしょうか。

またあるときクライエントが『幽霊を見ました』と語ったとしたら、セラピストはどのように対応できるでしょうか。「幽霊」という言葉には特有のイメージ喚起力がありますが、その意味は明らかではありません。まずセラピストは、幽霊を面接空間から追放しないよう留意すべきでしょう。幽霊は生きているのか死んでいるのかわからないのですが、「幽霊」という言葉じたいは生きている必要があります。そこで『本当ですか？』とセラピストが聞き、クライエントが『本当です』と応えたとしたら、幽霊は本当に存在するのです（幽霊こそが、そのとき、イメージと言葉の「深層」にひっそりと生きています）。あるいは『先生は見たことがありますか？』と聞かれてセラピストが『じつは無いんです』と応えたとき、ふたりは別な世界の人間だということが明らかになります（ふたりのあいだに「深淵」が姿を現すのです）。

深層心理学は〝イメージ〟と〝言葉〟の深層に関する心理学だといえます。この深層を探究すべく、たとえばフロイトは「家族の神話」に探りを入れ、ユングは「人類の神話」に関心をもちました。そして二人とも、イメージと言葉が生き物のようなものであることを観察したのです。

〝言葉〟は〝イメージ〟を喚起し、〝イメージ〟は〝言葉〟に集約されます。このようなダイナミズムの多様性をつぶさに観察することを通して、イメージと言葉の深層を目のあたりにしたセラピストは、やがてひとつの知恵に到達します。それは「イメージと言葉を生かす知恵」です。この知恵にもとづいた人間理解の能力こそ、セラピストの専門性を構成するもっとも重要な要因ではないでしょうか。この能力は、いかなる学派・技法においても生かされます。いいかえれば、さまざまな学派・技法は、それぞれの型をとおして、この普遍的な人間知の水準に到達しようと奮闘努力しているといえましょう。

臨床心理学的援助は本質的に、政治的・経済的援助ではなく、医学のような生物学的・化学的援助でもなく、〝イメージ〟と〝言葉〟を媒介とした精神的・文化的援助なのです。

詩人のこころ

〝イメージ〟と〝言葉〟を生かすのは「詩人のこころ」です。だからセラピストは、時に詩人のこころを併せもつ必要があります。詩集を出版することはせずとも、時に詩集をひもとき、イメージと言葉の深層を垣間みる必要があるのです。ストーリーが好きな人なら、児童文学でもよいでしょう。なぜなら、子どものこころは本質的に詩人のこころだからです。

クライエントの語る言葉はしばしば混乱しているように見えますが、セラピストが注意深く聴いていると、独創的で新鮮な言語表現に出会います。だからたとえば、家族関係が複雑で心身症的な症状をもつ子どもがプレイセラピーで『幽霊を見たんだ』と語ったら、セラピストは、精神医学的な視点や発達心理学的な見方から考察すると同時に、「子どもであっても（子どもであるがゆえに）イメージと言葉の深層に目を向ける能力がある」ということを理解する必要があるでしょう。

真の詩人の言葉は、現実を美化する言葉ではなく、灰色の現実のなかで感じられる人間の悲しみや喜びを、類型的にではなく独創的に表現する言葉です。文学の言葉というものは一般的に、お上品な言葉ではありません。それなのに不思議なイメージ喚起力によって読者のこころを揺さぶるのです。同じようにクライエントの言葉も、しばしば混沌ないし空漠としてはいますが、セラピストのこころを揺さぶります（時には、聴いていると頭が重くなり、胸が痛くなり、腹が立ってくるような体験をさせられます）。その言葉は、詩人の作品のように洗練されてはいないかもしれません。にもかかわらず、時には詩人の言葉に負けないくらいの「真実な響き」をもつことがあります。セラピストが見落とさなければ、そこに豊かなイメージの世界が開かれているのです。

もうずいぶん昔のことですが、精神科医によって〈非定型精神病〉と診断されて入院していた男子学生のA君が、退院してから、当時私が勤めていた大学の学生相談所を両親とともに訪れました（彼は高校時代、工学部を薦める父親と医学部を薦める母親が互いに譲らず、どちらの希望をも無視できずに、ある大学の工学部と他大学の医学部を受験し、どちらにも合格しました。そこで、やはり譲り合わない両親のためにやむを得ず両方の大学にしばらく通ったものの、さすがに無理であることがわかり医学部のほうは諦めたのでした！）。両親にお会いすると、どちらも純朴な印象で、父親は重厚な感じ、母親は頭脳明敏な方でした。彼をはさんで座った父親と母親は、たしかに彼の現状とこれまでの経緯を話す際にも折り合わず、譲り合いませんでした。そのときA君がしだいに困惑の表情を深め、ついに『あぁ、煩わしいなぁ』と声をあげたのです。

A君は私のいた相談所を居場所にしながら復学し、カウンセリングによる援助が始まりました。詳しいことは省きますが、ようやく相談所に慣れたように見えたある夏の日の午後、いつものとおり何気ない会話をしていた折に、窓から涼しい風が入ってきました。そのとき彼の表情が瞬間、明るくなり、『あぁ、気持いい風だなぁ』と声をあげたのです。この言葉じたいはとりたてて語るほどのものではないかもしれませんが、そのときのその言葉には、新鮮な響きと力がはっきりと感じられました。いわば、いつもの彼の「病気」ゆえの疲れが滲み込んだような感じのなかに、「生気」あふれた青年らしいみずみずしさが感じられたのです（その後、私はこのときのことを回想して、ポール・ヴァレリーの有名な詩句「風たちぬ。いざ生きめやも」を連想しました）。

この頃から、A君は少しずつ調子がよくなり、楽しそうな表情を見せることも多くなりました。精神病という心身の状態は、人間が生きることにかかわる「苦楽」の意味を深く考えさせます。患者自身にとってそうであるだけでなく、その周囲の人にも、「人間が生きるということは、どういうことなのか」を考えさせるのです。A君にはいつも希死念慮があり、それを口に出すときは、人のよさそうな笑いを見せることが少なくありませんでした。その笑いはかえって、彼の「言いようのない孤独感」を伝えてくるようでした。A君は高校時代、毎日、家でベートーヴェンの曲をピアノで弾いていたといいます。『あんまり一人でいたので、病気になったんです』と彼は語りました。

この夏の日のA君が「風たちぬ」の心境にあったかどうかはともかく、彼がときおり発する言葉は、簡潔にして含蓄あるものでした。あるときA君は、彼の治療に関して迷う両親に『僕のことなら、岡先生が知ってるよ』と言ったそうです。この一言で、ふたたび両親が時々の面接に来るようになりました。もちろん当時の私は、A君のことを充分に理解していたとはいえないのですが、彼の〝言葉〟を「音楽」のように「詩」のように聴こうとした努力は、意味あるものであったかもしれません。

哲学者のあたま

哲学とは、人間と世界のことを〝言葉〟の論理でつきつめて考察する作業といえるでしょう。ひるがえってカウンセリングやサイコセラピーは、どちらかというと「言葉の論理」より「感情的な色あい」を重視するものと考えられています。これには一理ありますが、だからといって、いわゆる観念的な言葉がすべて防衛的で神経症的な産物であると考えるとしたら、それは頭脳の貧困であり、それこそ神経症的傾向にもなりかねないので注意を要します。

たとえば青年期の女性クライエントが面接の初期に『他者の存在が気になるんです』と語ったことについて、彼女が堅めの言葉を使っているとして「観念的傾向」や「知性化傾向」があるという風に決めつけてはいけません（じつはこのような決めつけこそいわゆる「観念的」で、しかも知的とはいえない「専門家」の態度なのです）。「他者の存在が気になる」という言説のなかには、他者・存在・気・なる（生成）という多様な言葉が含まれていて、それだけでクライエントの精神世界の哲学的性質を巧みに物語っている、という見方もできるのではないでしょうか。つまり、クライエントのテーマはここですでに出揃っているとさえいえるのです。このようなイメージの展開は、一見、牽強付会に思われるかもしれませんが、クライエントの話を丁寧に聴いてゆけば、このような見立てに根拠のあることが検証されることが多いものです。

たしかに一般的にいって「初め、クライエントは難しい言葉で観念的に話しているが、やがて、やさしい言葉で実感をもって語るようになる」という過程はあり得るのですが、それを料理の手順のようなパターンとして単純化してしまうと、セラピーの成果は少なく危険が多くなるのではないでしょうか。「物事が初めは硬くてだんだん柔らかになる」という変化は、一般的には意味あることでしょうが、しかしながら、初め使っていた硬い言葉をクライエントがやがて手放して柔らかい言葉で話すようになる、というような「誘導的予測」は、およそクライエント中心ではなく、むしろ「洗脳」の感じにさえなりかねません。

俗に「頭を落とせ」とかいう集団主義的な圧力と、心理療法における「イメージと言葉を生かす知恵」とが、ずいぶん懸け離れていることは間違いありません。だからこそ、後者の知恵においては〝哲学者のあたま〟というものも重要な役割を果たすことになるのです。哲学とは、先入観を排して言葉本来の意味を探求する精神的作業ですが、これは一面、カウンセリングの発想と共通するのではないでしょうか。つまりそれは、先の例でいうなら「他者・存在・気・なる」というような現代日本語のイメージ喚起力と語義を根底的に考察することになると思います。

もうひとつ例を挙げましょう。『このままでは永久に問題は解決しないと思いました』とクライエントが語ったとしたら、そこには「まま・永久・問題・解決・ない・思う」というような多彩な日本語がコラージュ表現のように散りばめられていると見ることができます。このような見方は、その言葉を語るクライエントの思考過程を単なる思いつきとしてでなく考察する際に、役立つかもしれません（連想的にいえば、「まま」は「あるがまま」でもあり、「ない」は否定・不在です）。

カウンセリングの《傾聴》においては、言葉を語るクライエントの一人ひとりはそれぞれ独自の存在であり、呼吸・発声・声調・テンポなどにおいても千差万別の自己表現をしているはずです。それらの機微を大切にしながら「言葉にこだわる哲学者のあたま」をもつこともまた、〝イメージ〟と〝言葉〟を生かす知恵の提供者として、相当に役立つのではないでしょうか（いうまでもなく、セラピストが「哲学者のあたま」を使うということは、無理をして哲学の専門用語を弄ぶことではありません）。

生活者の感覚

セラピストの内なる詩人と内なる哲学者には、相応に仕事をしてもらうのがよいでしょう。

ところで、詩人や哲学者は、ある意味で世間離れしており、ややもすると「地に足ついていない」などと評されるところがあります。そこで、対極的なものとして、身体と社会という「生活者」感覚に近いところを考えてみましょう。

〝イメージ〟と〝言葉〟の機能における身体の役割の大きさはいうまでもありません。たとえば、ある人を『蛇蝎のごとく嫌っている』という語りで、蛇蝎は「ダカツ」であり「ダ！」「カッ！」「カツ！」というような音声効果が語り手の身体感覚に合致しているという点も重要です。さらにわかりやすい例では、『ヤケになってバカスカ食う』とクライエントが語るときは、「バカ」（愚昧）とか「スカスカ」（空白）という言葉の音声効果とイメージが身体感覚と深い関係をもつことを考慮に入れておくと、クライエントのこころの世界を懐深くとらえることができるかもしれません。

擬態語や擬声語は身体感覚を内包しています。これらが要所要所に出てくるときは、語るクライエントの体験過程が微妙に変化していることを意味しているかもしれない、ということが考えられます。それらが多用されるときは、どことなく落ち着かない心理状態が予測されます。そこでセラピストはクライエントの多動性に向きあわざるを得ません（これは少し苦しい状況であり、対話のなかで〝イメージ〟と〝言葉〟がよく生かされていないことを意味するかもしれません）。なお、プレイセラピーで子どもが唐突に『きもちわるい』と言ったなら、それは不安な身体イメージの表現であって、「なにが、どう、きもちわるいか？」という詮索には馴染みません。いわば「きもちわるい」気持は、摑み難く「きもちわるい」生き物なのでしょう。そのような生き物も生かす必要があるでしょう。

擬態語に関しては、「ムカムカ」「カッカ」「ガックリ」「ドキドキ」など身体感覚を表現するものがきわめて多いのですが、これらは漫画や劇画で多用されることもあって、青年期のクライエントの話に登場した場合、類型的な表現として軽く扱われるきらいがあります。しかし、どのような卑俗な言葉も、一人ひとりのクライエントにとっては独自の体験過程と意味を伴っている可能性があるので、セラピストとしては注意を要します。

一方で、いわゆる和語は、柔らかい音声効果で、身体感覚・皮膚感覚を表現しやすいものです。とくに「やれやれ」「まあまあ」「やっぱり」などといった曖昧な言葉は、語義は明瞭でないものの、身体感覚や接触感覚を巧妙に表現しています。ただしそれだけに、あまりに多用されると、その特性がよく生かされている状態とはいえません。なぜなら、それらが生かされるのは全体の文脈のなかであって、個々の言葉じたいに固定した価値はないからです（だから、たとえば『ゆっくり行きましょう』といった呼びかけの言葉が相手に届くように語られて初めて、言葉が生かされると思われます）。つまり、その言葉を誰が語るのか、その相手は誰なのか、という状況の要因が重要となるのです。

このように考えると、「言葉」と「声」と「身体感覚」が調和するような場面をつくりだす知恵こそが、セラピストには求められるのではないでしょうか。なぜなら、ノンバーバルに伝わる身体感覚は、言葉を生かしも殺しもするからです（だから、クライエントが『ゆっくり休みたいんです』と語ったとき、セラピストの身体は精妙な反応を体験せざるを得ないのです）。

最後に、社会感覚・生活感覚と言葉の関係も考えておきたいと思います。

クライエントの日常生活に登場するさまざまな事物とその名前は、独自の〝イメージ〟と〝言葉〟をかたちづくっています。少なからぬ固有名詞が、ひとりのクライエントの生活世界のなかで重要な位置を占めていて、そうした地名や人名は、クライエントが口にするときに、はっきりと生きたものになります。そしてセラピストは、それに耳を傾けることで、クライエントが昨日を生きてきて、今日を生きていて、明日を生きていくであろうことを、実感することができるのです。

ひとりのクライエントの「日常茶飯事」をあらわす言葉が、特有の陰影と立体感をもってセラピストに感じられてきたら、それをこそ《受容》《共感》といえるのではないでしょうか。「ふたりの人間が、お互いを認め合いながら、世間とも適度に折りあいをつけつつ、自分らしく生きていく見込みがある」という希望がそこにあるといえましょう（これは精神病圏の臨床心理学的援助においてとくに重要なことです）。

本章は「イメージと言葉を生かす知恵」〔『臨床心理学』第三巻第二号 二〇〇三年〕をもとに大幅に筆を入れたうえで構成されたものです。

河合隼雄『イメージの心理学』〔青土社 一九九一年〕
河合俊雄『概念の心理療法』〔日本評論社 一九九八年〕
北山修『幻滅論』〔みすず書房 二〇〇一年〕
小此木啓吾『フロイト思想のキーワード』〔講談社 二〇〇二年〕

第II部

よみがえるクライエント中心療法

クライエント中心療法の眼目は、クライエントという人間のもつ可能性への信頼です。「クライエントの深刻な不安・不自由を認めると同時に、クライエントの意外な能力・自由をも認めることが、対人援助の発想と技術において、決定的に重要である」という認識が基本となります。その認識にもとづいて、クライエントの訴え・自己表現に対して《無条件の関心》をもって対応することが始まるのです。諸理論を学びつつも、ひとりの人間の世界を理解するためには、それらの理論を脇において、常に新たな感覚で関係に向かうことが必要です。

その過程は、試行錯誤の過程となります。手探り・触れあいが重要な要因となります。「フィーリング」という英語の意味はじつに多様です。感覚・感情とも訳されるこの言葉は、対象と出会う積極的な行動をも意味します。その意味で、フィーリングという言葉は、ドグマ（教義）という言葉と対極をなします。たしかに、カール・ロジャーズは人間が好きで、ドグマが嫌いなのです。

そのことには、ロジャーズの個人的事情が関係しているかもしれません。彼の両親は、いまでいえば原理主義的なキリスト教徒であり、その信仰にもとづいて深い愛情と厳格さをもって子供たちに臨んだようです。青年期になってカールは、親の価値観と対決し、より自由な発想をもってみずからの人生を歩むことを選択したようです。その際に、両親から学んだ勤勉さが大きな力となったと考えられます。

結論的にいえば、ロジャーズはカルヴァンのような考え方（素朴な人間性に対して悲観的な考え方）が無条件に嫌いなようです。ロジャーズにおいては、カルヴァンの神学が、フロイトの人間観と理論に重なって見えるのでしょうか。あるいは、アメリカ化したフロイト理論の型にはまったありように対する、彼の健全な違和感なのかもしれません。彼のこの直感には、一理あるような気がします。

私自身は、フロイト理論を種々の発想の集積として見た場合には、かなり創造的なものと考えています。フロイトのテクストを、常に新鮮な眼で見直すことは、知的訓練にもなり、謎解きの能力を蘇らせる作業になり得るでしょう。それを前提にして、ロジャーズの発想の自由で素朴なところにも、捨て難いものを感じているのです。

クライエントの能力・自由を認めるということは、具体的には、クライエントの語る言葉とイメージ表現の多様な意味を認め、それを理解するための知的作業の意味を認めることにつながります。クライエントはたしかに、不安にとらわれ不自由になっていますが、同時に自分のなかの可能性をさぐり、関係のなかで相手のことを察知しつつ関係を調整していく能力をもっています。ロジャーズ的にいえば、クライエントはみずからのなかにひとつの方向性を潜在的にはもっているのです。

この方向性を、自己破壊的で否定的なものとみる見方もあり得ますが、同時に創造的で人間肯定的なものと見ることもできるでしょう。ロジャーズでなく、私自身は、「死の本能」というような概念を否定するつもりはありませんが、きわめて深刻な事例においても、クライエントのなかに「生きようとする肯定的な力」を感じることも事実です。とはいえ、メラニー・クラインの理論も、人間論としてみれば違和感はありません。

〈統合失調症〉というような困難な事態において、援助関係を構築する際に役立つことは、「病気」といわれる不調のなかでも、クライエントはみずからを語り、人々との関係を創造的なものとするための知恵を提示する能力がある、という認識でしょう。精神医学の知識や、ユング、サリヴァンの理論も必要ですが、それらを統合して人間関係を調整していく際に、ロジャーズの人間肯定的な見方は、きわめて重要であると私は考えているのです。この見方の意義は、困難な状況にあってこそ絶えず蘇るものであると私は言いたいのです。

第四章　自由・共存、そして出会い

クライエントが中心とは？

クライエント中心療法は、アメリカの心理学者にして心理療法家カール・ロジャーズによって創始されました。精神医学とは別個に試みられ、今日、心理学者によっておこなわれる心理療法の基本になったものです。クライエントの自己治癒力や自己実現の力を高く評価し、セラピストの理論や技法よりも、セラピストの人間性や自己表現の仕方の質、クライエントとセラピストの関係の質が重要であると主張します。

歴史と今日的意義

ロジャーズは、いわゆる問題児や、文化的制約により自分自身を生きられない人々との面接をつうじて、一人ひとりの人間には個有の潜在力が秘められていることを痛感しました。そして、人間性というものに対して肯定的な見解に達しました。この見解は、当時の精神医学や精神分析の一部の傾向（決定論ないし悲観的な人間観）とは決定的に対立したのです。精神医学的な診断が患者の援助にはあまり役立たない場合や、精神分析的な理論や技法がクライエントの訴えたいことの本質的な部分を受けとめそこなっている事例などに接して、面接というものは、専門家風の先入観にとらわれず、クライエントの訴えに即してきめ細かく営まれなければならないと、ロジャーズは主張しました。

これはたしかに一理ある主張といえるでしょう。精神医学であれ、精神分析であれ、なかなかに堅牢な知的構築物であり、それなりの魅力をもっています。知的な人々にとっては、それらはけっこう歯ごたえのある対象です。しかし、心理療法家としてクライエントの話を聴くときには、これらの知識はいちおう咀嚼され背後に退いている必要があり、そのうえではじめてクライエントの訴えの独自性が意味をもってくるのです。今日の心理療法における、クライエント尊重の考え方にロジャーズが果たした役割は大きいといわねばなりません。

ところで、ロジャーズの歴史的役割は終わったのでしょうか。そうではないようです。ロジャーズの〝人間のこころの全体性〟に関する肯定的見解は、彼とはいろいろな点で対照的なカール・グスタフ・ユングの「自己」の考え方と近いものがあります。また、ドナルド・ウィニコットの、人間性に対する肯定的な見方や、過程的な捉え方は、ロジャーズのそれに馴染みやすいといえます。心理学の枠組から広範な問題意識を展開していった彼の仕事は、いまも多くの心理療法家の日々の実践のなかに生きており、絶えず新しい局面を生み出しているのです。

最近はやりの認知療法は、経験重視という点で、ロジャーズの心理学と近いものがあります（プログラム的という点では対照的でもありますが）。一方、トランスパーソナル心理学も、主観重視という点で、ロジャーズの人間観に近いところがあります。セラピストは諸理論の新しい傾向に関心をもつことはよいのですが、それをまた大きな視野のなかでまとめてとらえる努力も、必要です。

ロジャーズは、人間性に関する決定論や悲観主義には徹底的に反対しましたが、一人ひとりの人間が独自の発想や行動をすることに対しては、きわめて肯定的でした。したがって、精神医学や精神分析も、それらが具体的な人間理解に役立つなら、排除する必要はまったくないことになります。彼が警戒したのは、論理的整合性を優先して「閉じた体系」に閉じ込められてしまうことだったのです。精神科医であれ精神分析家であれ、クライエントの話に傾聴し、その世界を充分に尊重できる治療者がいたら、ロジャーズは彼に敬意を抱いたでしょう。

クライエント中心療法の基本

おそらくすべての心理療法において、セラピストの仕事は、クライエントの話に聴き入ることに始まるでしょう。クライエント中心療法においては、セラピストの《傾聴》の作業はとくに重視されます。クライエントの話における単語や構文および全体の流れに適度な注意を向けて、かつゆとりをもって、クライエントの声や息や沈黙にも聴き入ることができることが望ましいのです。細かいことに逐一注意を向けながらも、全体がひとつの流れとしてクライエントの話が聴こえてくるような、そんな聞き方がセラピストの努力の目標です。傾聴するセラピストの耳に、ひとつの単語が特別なアクセントをもって聴こえたとしたら、それにはクライエントの特別な気持が込められているのかもしれませんし、またセラピストの側の気持を重ね合わせているかもしれないのです。あるいは、どちらからともつかない、ふたりの人間の「出会い」の瞬間なのかもしれません。

構文についても、セラピストは無理のない注意を払います。断定・ためらい・思い切り・視野の拡大／縮小など、クライエントの思考と感情の過程が読みとれるかもしれません。あるいは、セラピストの思い過ごしかもしれません。

クライエントの発声や呼吸における微妙な変化にも、セラピストの感性は開かれている必要があります。そのような感覚をとおして、セラピストはクライエントというひとりの人間が、試行錯誤しながらも自己の重要な問題に向かっていることを実感できます。その実感によって、セラピストの意識は明晰になるかもしれません。クライエントがセラピストを頼りにしている局面もあれば、セラピストがクライエントを頼りにしている局面もあり得るのです。

こうして挙げていくと、ひどく細かい話になってしまいますが、なにごとにも百点満点でなければならぬという完全主義は、セラピストのみならずクライエントの心身をも萎縮させる危険があります。意識というものは、ひとつの領野であり、そのなかにさまざまなものが自然におさまってくれるという、信頼感ないし楽観的な見方も有益でしょう。

《傾聴》という作業の細やかな点について述べるかたちになりましたが、セラピストに必要なのは、このような繊細な精神だけではありません。クライエントのこころに、怒りや憎しみなどの激しい感情がなんらかのかたちで蓄積しているときには、セラピストは強靭な精神をもたねばなりません。象徴的にいえば、クライエントからの「水」や「火」のごとき勢いにもたじろがず、共にいること、感じ続けることができるというのが、セラピストの任務なのです。《共感》というのは、口でただ『あぁ、そうですね』と言うことではなく、セラピストの心身の全体で営まれることです。「水火を辞さず」という強さによって、クライエントからの否定的にみえるメッセージは、ひとりの人間が生きることの切実さを伝えるものとしても受けとられ得るでしょう。少なくとも、心理療法の枠のなかではそれを可能にできるというのが、セラピストの条件です。

《傾聴》や《共感》を支えるものとして、クライエントの語・文・話が知的にも理解できる（少なくともその可能性がある）ということも忘れてはなりません。そのためには、フロイトやユングの著作にちりばめられている知恵はいうに及ばず、精神医学の生硬な用語のなかにもみられる人間の生の姿への観察にも、相応の評価を置いておく必要があります。つまり、精神的な受け皿は、大き過ぎるということはないのです。けれどもクライエント中心療法においては、クライエントの「無意識」や「病理」といわれるものに対しても、あくまでもその人のいままでの人生、いま進行しつつある日々の生活の具体的な姿との関連で問題とすることを第一義とします。現在における具体的な事柄（不安・困難をめぐる身体感覚を含む）にこそ最高のリアリティ（本当らしさ）があり、それにくらべると

「無意識」や「病理」と名づけられたものは、それらがいかに大きな内容をもつものであっても、ひとつの虚構となりやすい、というのがクライエント中心療法の考え方なのです。

この考え方が最終的に正しいかどうかは論議のあるところでしょう。ひとりの人の人生の困難につぶさに立ち会い、セラピストがそこに個人の意思を超えた大きな力、否定的・破壊的などと呼びたくなる力を感じてしまうのは無理ありません。問題の根深さを痛感して、家族の無意識や民族の無意識を考えたくなるのもやむを得ないかもしれません。むしろ、クライエントの話を表面的に聴いて、それだけで自分が相手の役に立っていると思い込んだりするよりは、ずっとましでしょう。クライエント自身もあまり見たくない問題の深刻さをとらえる一助として、このような概念は有効です。

しかしそれは、それらを概念として適切に使用した場合のことです。概念と実際の経験との関係は、ロジャーズの心理学のテーマでした。心理療法を語る際に欠かせないといわれる「無意識」や「病理」という概念に、クライエント中心療法が一定の距離をとっているのは、見方として浅いとも深いとも見えましょう。浅い、というのは、ロジャーズの人間観における楽天主義が、単に表面的なものであるに過ぎない場合です。深い、というのは、その楽天主義が、じつは最大の困難を乗り越えてのことであり、その体験にとってはこれらの概念も相対的な意味しかもたない、という場合です。

この体験についてロジャーズは「人間への信頼」としか語っていませんが、生やさしいものではないということは想像できます。おそらく行動としては、アメリカ建国の歴史にみられるように苛酷(開拓者にとって、それ以上に先住民にとって)であり、信念(信仰)としては、ヨーロッパの精神的伝統から断ち切られるように峻烈なものであったでしょう。畠瀬直子氏によると、ロジャーズの両親は、信仰が篤く、直接神と会話できるような人だったとのことです。彼らとの精神的な対決により、ロジャーズは大きな体験をもったのでしょう。それは「人間への信頼」というような言い方がされますが、なにか人間を超えたような存在とのつながりも含むようなものだったのではないでしょうか。

いずれにしても、「無意識」や「病理」という概念にあまりこだわらないクライエント中心療法においては、それらをも含みこむなにか大きな存在が必要なのであり、たとえばそれは、「人間」「自己」「関係」などと呼ばれるものなのです。

クライエント中心療法の実際

《傾聴》と《共感》ということについては、すでに少し述べました。ここでは、個々の問題に応じての、この療法のやり方について、より詳しく見てみましょう。

《受容》ということがよくいわれます。それはなにか、セラピストがクライエントに肯定的に接することだとか、優しくすることだとかと考えられやすいようです。これらも間違いではないかもしれませんが、ではどういう風にそのような態度を現実のものとするのかという段になると、事は簡単ではなくなります。クライエントの話が、セラピストにとってどうしても肯定できないような内容であるとか、理解に苦しむところがあるとかいう場合です。しかし、時にそのような簡単なことが容易にはできないような事態もあります。たとえば、クライエントがひどく気落ちしている（抑うつ的）とか、話が極度に入りくんでいて（強迫的）、セラピストが質問してもその質問にまたいっそう入りくんだかたちで返答が来そうな様子であるとか、セラピストとまだあまり親しくなっていないため対人的不安が強い（対人恐怖）とかの場合です。いちおう〈神経症〉レベルの不安であるとして、それらの不安にどう対応しながら面接を進めるかを述べてみましょう。

《受容》ということを「受」と「容」に分け、この場合に当てはめてみましょう。仮にAさんとします。Aさんが〈抑うつ〉的な状態で現れ、ひとこと悲観的なことを語ってあとは重い沈黙となったとします。セラピストがAさんの発言の悲観的内容のみに反応し、それに反論したとしても、おそらく進展はみられないでしょう。むしろセラピストは、Aさんの言葉のまわり、Aさんの居ずまいのあたりに漂う空気を受けとめ、その日Aさんが気落ちしたなかでもセラピストのところを訪れたという事実の全体を受けとめて、重苦しさ・重さを自己の内に容れ、容れてなおゆとりがあるということをAさんに伝える（言葉に拠らなくてもよい）ことから始めるでしょう。

するとAさんは、次にまたひとこと語るかもしれません。そのひとことの言葉と、それを語る声の質とがセラピストのこころに容れられると、Aさんの最初のひとこと（それをセラピストは正確に再生できるのが望ましい）とあわせて、ある波紋がセラピストのこころに生ずるかもしれません。そしてセラピストにとって「あぁ、そうだなぁ」という実感が生じるかもしれません。その実感は（それを言葉にしたらどういうものであるかは、時と場合によって違うでしょうが）、気落ちし重くなったクライエントのこころに伝え得るものでしょう。セラピストのこころのなかの波紋に対応して、クライエントのこころのなかにも、ひとつの波紋、なんらかの動きが生ずる可能性があるのです。

《受容》《共感》は、このようなことだと考えられます。〈強迫〉的といわれそうなBさんの場合はどうでしょうか。Bさんは孤軍奮闘、ひとりですべてを考えなければ気がすまないような勢いで、話を適度に省略できません。自分が正しく理解されたという体験がないのか、常に相手に正確な理解を求めます。周りの人々も、セラピストも、彼の期待に応えたいとは思うのですが、彼の入りくんだ話に阻まれ、その勢いにはねとばされそうになります。このようなBさんの「硬直」した勢いのようなものは、なかなか受けつけにくいのですが、セラピストはBさんの「秘められた」孤軍奮闘に思いを馳せつつ、あえて彼の入りくんだ話にまともに付き合ってみるとよいのです。

すると、セラピストがBさんを容れるというより、むしろBさんの独特な世界がセラピストを容れてくれる。外から見て敬遠していたときと違い、その世界には血も汗も涙もあるということがわかってきます。これも、セラピストが汗を流してBさんの世界に挑戦したからです。いまやふたりは打ちとけて「泣き笑い」の人生を語りあうことができます。Bさんは、やはり独自の入りくんだ話のスタイルをまだ少し保持しているとしても、そのためのセラピストの困惑に対して、理解を示すという風になるかもしれません。そのとき、Bさんの「硬直」していた勢いは、柔らかな、人間味あるものに変化しているのです。

ここで挑戦といったのが、Bさんの「強迫傾向」に対する「治療的」攻撃でないということは、明らかでしょう。仮にセラピストがそのようなことをすれば、Bさんはますます孤軍奮闘の態勢を整え、ふたりの硬直した関係は、そのままずっと続いてしまうことになるでしょう。セラピストがするべきは、ふたりで協力して汗を流すことなのです。たとえ敵／味方に分かれているように見えても、それはあくまでゲームにおけるそれなのです。その「あそび」を通して、ふたりの人間はやがて苦笑いをしながら、目と目を合わせる瞬間がやってくるのです。

ところで、〈対人恐怖症〉にはさまざまなかたちがありますが、症状の少し奥には、「人と親しくなりたい」「好かれたい」「嫌われたくない」というような、まったく健全な気持が隠れています。そんな思いをもってやって来たCさんですが、しかしやはりすぐにはセラピストと打ちとけられません。セラピストのほうも、Cさんの緊張を受けてのこともありますが、本当のところ、なかなかCさんと打ちとけられません。このようなとき、セラピストの側で「自分は対人恐怖のようなものとはまったく無縁である」かのようなポーズをとると、この心理療法は見せかけのものとして終わってしまいます。むしろセラピストも、いささか居心地のわるい感じを自分のなかに抱きながら、なおCさんの気持に思いを致すゆとりを残しているときに、Cさんの側に少しでも自由に動ける余地が生じてきます。その自由さから、Cさんは、セラピストの不自由さを目ざとく見つけ、思いきってそれを指摘することもあるかもしれません。そのようなCさんのメッセージを、セラピストがとらわれなく受けとめられることで、Cさんにとってまったく新しい体験が開かれる、ということがあり得るのです。

これら三例によって、クライエント中心療法において重要なのは、なによりも、ふたりの人間の関係の質であるということが、おわかりのことと思います。そしてこれは〈神経症〉のみならず、いわゆる〈境界例〉や〈精神病〉圏のクライエントにおいても、同じなのです。

Dさんは、人並みはずれて傷つきやすく、怒りっぽく、心理療法の関係者から〈境界例〉というレッテルを貼られてしまう、複雑なところをもつ人です。ですが彼自身、自分のなかにどうしても埋められない曰く言い難い一点があることには気がついています。気はついているのですが、そのことを語って理解できる相手がとても見つかりそうもありません。彼にしてみれば、だとしたら曰く言いがたい点は無いことにしておいたほうがよいのではないか、ということになります。また、本当には理解する力もなく、苦労して理解しようともしない人間が、自分に向かって「自分を見つめろ」などと言うのは、いじわるそのものであり、そうでなければ狂気の沙汰です。しかし、こういう本当のことを言うと、ますます「おかしい」と思われてしまいます。

Dさんのような人に対して、クライエント中心療法のセラピストは、なによりも「ひとりよがり」の罪を犯さないように注意します。そして、クライエントが非常な不安定さのなかに生きており、いまも同じ不安定さのなかでセラピストとの関係を辛うじて保つ努力を続けているのだ、という事実を忘れないようにします。クライエントの言動の山や谷を視野に収めながら、問題の核心であるクライエントのこころのなかの一点がどんなものであるのかが浮かびあがるのを待つのです。その経過のなかでは、セラピスト自身のこころが同じくらい不安定にさせられる瞬間があるかもしれません。しかし「これはじつは、クライエントのせいではなく、セラピストというひとりの人間のこころのなかにもともと秘められていたものだ」という認識が、この心理療法を可能にするのです。

このようにクライエント中心療法は、ほとんどすべての問題に適用され得る幅広い考え方です。精神分析でも、先のウィニコットはいうに及ばず、サンダー・フェレンツィやマイクル・バリントの考え方に近いものをもっています。フロイトやメラニー・クラインの人間観とは対照的ですが、これらをも排除しないことが、クライエント中心療法の今後の発展のためには賢明でしょう。

ユングとの関係はさらに重要です。ユングの父親は牧師でありながら神に対する信仰に確信をもっていなかったといわれます。これはロジャーズの両親の場合と対照的です。この差がふたりの心理学にどういう違いをもたらしているかは、スイスとアメリカという文化・伝統の違いとあわせて、今後の研究に期待されるところです。

セラピストの在り方は……

クライエント中心療法は、前節で述べたように、クライエントと呼ばれるひとりの人間が潜在力（成長可能性・自己実現の傾向・自己治癒へ向かう力など）を有していることを訴えることにおいて、大きな功績がありました。ですが、そのために必要な条件とされる、セラピストの側の《受容性》《共感性》《真実（純粋）性》などに関しては、議論が不充分なままです。クライエント中心療法の提起した課題はまったくもって普遍的な深さと大きさをそなえているのですから、一部に消極論さえ出ている現在においてこそ、この「セラピストの在り方」を根本的に考え直すことが必要で、また有効なのではないでしょうか。

受容性

ロジャーズの本を読んで頭が固くなったり、紋切り型の表現しかできなくなったりしたとしたら、それこそ悲しくも皮肉な話です。セラピストの《受容性》とは、簡単にいえば「柔軟なこころ」「しなやかな発想」「懐の深い受けとめ方」ということでしょう。人間性に対してはどこまでも真摯なこころをもちながら、ユーモアを理解し楽しめる自由闊達さが望まれます。けれどもそれは、困難な情況に呑みこまれ、手強い相手に迎合してやりすごすというようなことであってはなりません。あらゆる既製の事柄にとらわれなければ、そういうことにはならないでしょう。

《受容性》というのは、心理療法におけるアルファでありオメガです。どのような理論的立場にあるにせよ、心理臨床の実践に真剣に携わっている人なら、それを疑うことはないでしょう。もっとも、受容性といっても、さまざまなものがあります。

いわゆる「受容的な雰囲気」のなかでまずはクライエントの話を聴いてみる、というのもあれば、窮極的には「断絶の受容」としかいえないかたちもあるでしょう。また、クライエントを受容したいのにそれができない自分を受容できない、という場合もあるでしょう。あるいは、せっかくクライエントの「ものわかり」がよくなってきたと思っていたらまたぞろ訳のわからないことを言いだしたので嫌になってしまう（受容できない）、といった場合もあるかもしれません。

ここに挙げた努力や苦労のうちどれがピンでどれがキリか、ということにはこだわらないほうがよいでしょう。なぜなら、《受容性》とは「平等観」のようなものですから。要は、受容性ということが心理臨床にとどまらず人間社会や人間存在にとってもっとも大切なことのひとつであり、その態度を維持する努力はきわめて地味ながらきわめて創造的な作業に結びつき得る、という直観こそが、現在の困難を乗り越え未来への展望を開く第一の要因ではないでしょうか。

《受容性》とは、概念的に他人から教えてもらうようなことではありません。人間関係のなかで直接的な経験をしながら獲得できるものでしょう。

共感性

《受容性》が、クライエントへの人間尊重の態度の基本でありマクロなことであるとしたら、《共感性》とは、同じことのミクロな局面をも含む、より具体的に語りやすいところでもあります。

「解釈」が知的であるのに対して《共感》は感覚的・感情的である、と一般には受けとられているようですが、このあたりからクライエント中心療法への誤解が生じています。正しくは、共感とは「共感的理解」ということで、感性と知性を含む統合的な精神的態度・精神的なはたらきかけなのです。私の臨床経験からすると、共感的理解とは、すぐれて知的な作業でもあります。クライエントの経験過程と自己概念の関係についての周到な考察がなければ、クライエントへの《傾聴と応答》という微妙な作業はやりおおせるものではありません。また、ロジャーズ派が軽視しがちな「構造的把握」という知的作業は、それが衒学的趣味に陥ったりしないかぎり、有機体的な共感性を妨害するものではないはずです。セラピストの精神的容量があれば大丈夫なのです。

これからは、セラピストの《共感性》の問題、「共感的理解とはどういう作業で、いかにして為され得るか」という議論が急務です。さもないと、『共感したいけれど、できない』『共感なんか、していられない』といった言い方がセラピストのどういう経験に由来するのかが充分に検討されないまま、共感という言葉じたいが風化していく危険性があります。おそらく「〜したいけれどできない」「〜なんかしていられない」というのは、かつての「共感しなくてはならない」という強迫観念に対する健全な反応、有機体的な自然な反応なのでしょう。それだけに、「経験と概念の幸運で創造的な関係」を再生させるためにも、共感性をめぐる現在の危機は、好機とも見られるのではないでしょうか。

《受容》に諸段階があるように、《共感》にも諸局面があります。クライエントの精神的苦痛に対して「思わず動揺しながらも、気をとり直して話を聴いてみようとする」というのもあれば、たくさんの話を聴いたあとの新たな一言に対して「万感胸にせまる」というのもあるでしょう。また、宗教的経験に近いような自他合一の感覚もあり得ますし、幼児的感覚からなにかしら不安を感じて、それをとおしてクライエントの深刻な経験につきあたる、という場合もあり得ます。いずれにせよ、これらの経験に対してセラピストのなかで適切な概念化がほどほどに為されていることが、治療過程という長期にわたるひとつの作業としての「共感的理解」ということを、有効なものにするはずです。

真実〈純粋〉性

これはまた《共感性》以上に誤解されそうな言葉です。原語の genuine はお酒の「純生《じゅんなま》」とか「本醸造」とかと訳したくなる言葉であって、いわゆる「優等生的」なニュアンスはあまりないのです。たとえばある「泥くさい」セラピストは、その「泥くささ」のままにクライエントに対する在り方を保つことが治療的だ、ということになります。そして、彼がさらにその「泥くささ」の成分を追求していけば、他の追随を許さない境地に到達するかもしれません。土壌学の研究者が土中にひとつの世界を見るように、みずからの資質の豊かさを発見できるかもしれないのです。

セラピストはクライエントとの関係において、みずからの内的経験をなによりも尊重し、それを自己概念と照らしあわせていく必要があります。これはクライエントに対するセラピストの「率先垂範」とでもいうべき作業となります。その作業をとおしてセラピストは、錯雑して猥雑な自己の内面に改めて気づくかもしれません。それを排除してしまっては、セラピストの在り方が決定的に損なわれて〈真実〈純粋〉性〉は失われるのです。しかしながら逆に、排除しないにしても、そこに立往生し釘づけになってしまう、ということでも困ります。いささかの困惑を経験しながらも引き続きクライエントへの関心を維持できるだけの余力が必要なのです。

このように、セラピストにおける〈真実〈純粋〉性〉とは、単にその気になればもたらされるようなものではなく、いわば灼熱の炉のなかで精錬されてはじめて獲得されるなにかのようです。クライエントやその家族と同じく、セラピストのこころもまた千々に乱れる必要があるのかもしれません。

そして、そのあとまた一つになるときの統合力の輝きのようなものは、クリスタルの輝きのように美しいものであろうと思われます。

セラピストの在り方の純粋性を実現するためには、みずからのなかにも「純粋な猛獣」「純粋な悪人」や「純粋な地獄」「純粋な極楽」を見出すのが有効でしょう。そうしてさらに、みずからのなかに純粋な「無念無想」を見出したとき、セラピストとしての純粋性は完成するのかもしれません。

からだ・ことば、そしていのち

クライエント中心療法におけるセラピストの仕事は、クライエントが語ることへの傾聴とそれへの応答です。クライエントがみずからのために、自発的に、なにかを語ることができることが大切であり、また時に、自律的になにかをあえて語らないことも大切です。セラピストは大きな関心をもってクライエントに耳を傾けます。

ところで、「きこえる」とか「きける」とかいう日本語のニュアンスは興味深いと思います。『そりゃ、きこえません』『きけない話だ』といった言い方を参考にすれば、「きく」という語のなかにすでに《受容》とか《共感》とかいうニュアンスが含まれていることがわかります。また『耳が痛い』という言い方には、傾聴という仕事が身体感覚のレベルにまで至ることが示唆されています。さらに

『きかれてしまった』『(なにやら)きこえてくる』といった言い方からは、「きく」という語が、自己の存立にいささか影響を及ぼす事柄を意味する、ということがわかります。〈「盗聴器」妄想〉や〈幻聴〉という精神病理の深刻さは、自己存在の深淵と「きく」という精神・身体機能との密接な関連を窺わせる例でしょう。

セラピストのクライエントへの応答は、基本的にはクライエントの自己表明を促進するためであり、結局は《受容》的・《共感》的な傾聴のためであるといえます。ですから、セラピストが言いたいことも言わずに自分を抑えていたのでは、クライエントも自由に自分を語ることができません。セラピストはロジャーズ派風のパターンにとらわれず、助言であれ示唆であれ反論であれ、自分の気質や生活感覚にふさわしい自己表明をしていくことが肝要です。それを忘れてみずからを欺いたり見失ったりしたときは、クライエント中心療法における努力は無駄なものとなります。大事なのは、セラピストの自己表明に応じてクライエントがどのような自己経験をしていくかを見守ることであり、そのようにして、いよいよセラピストによる受容性と共感性の真価が問われるのです。

それでは次に、傾聴と応答の三つのレベルについて少し詳しくふれてみたいと思います。

からだ

先に述べました『耳が痛い』という例は、ある種の声や言葉に対して身体が「苦しい」「やめてくれ」と反応することがある、ということを示しています。治療場面にはクライエントの身体があり、その身体から呼吸・発声・動作・表情などといったかたちで、生命や潜在力、葛藤や苦悩が表出されています。セラピストはクライエントの発声や呼吸に聴き入り、動作や表情を視覚や皮膚感覚で感受していきながら、共に居て時間と空間を共有することに肯定的な意志をもっていることをなんらかのかたちで伝えるでしょう。この場合、セラピストの発声がとくに高い応答性をもつかもしれません。セラピストの表情もまたそうでしょう。

クライエントの話の内容にある程度ついていけたうえで、セラピストは、クライエントの発声や呼吸にも聴覚的な意識をときどき振り向けられるとよいでしょう。そしてクライエントの話の中身とその声や呼吸の肌理《きめ》のようなものが二つながらセラピストのなかでしっくりと収まったとき、セラピストはクライエントの話を聴けており、なんらかのかたちで応答が可能であるといえます。

あるいは、抑うつ状態にあるクライエントが、ほとんどなにも喋らず、ただ静かに座っているとしましょう。この場合、静かなのは外形だけで、呼吸のほうは深いところで鬱勃《うっぼつ》たるものを秘めているかもしれません。セラピストは、なにか、自分自身も息づまるような苦しさを感じるでしょう。この苦しさを感じながらもセラピストは、クライエントが喉や胸や腹のあたりでどんな風に呼吸しているかに耳を澄ますことができます。するとセラピストの呼吸は深くなるでしょう。このようにして、みずからの胸苦しさと闘えるセラピストが共に居てくれるおかげで、クライエントも、みずからの胸中の一種の不完全燃焼状態に酸素を吹き込むことによって、熱エネルギーを創り出せるかもしれません。この熱エネルギーはまず、クライエント（およびセラピスト）の頭だけでなく、胸や腹に供給されるのが望ましいでしょう。

イメージ風に述べましたが、クライエントの息に耳を傾けるということは、セラピストにとって、このように実際的な効果をもつ作業なのです。もうひとつ例を挙げましょう。

電話相談というかたちで、かなり不安定な状態にあるクライエントの話を聴いているとします。ひとしきり語られた話にセラピストは当惑し、適切な応答ができないうちに、クライエントの言葉がやがてとりとめなくなり、ときどき聞こえてくるのはあえぎのような苦しそうな呼吸音であるとします。そしてこの呼吸音によってセラピストの思考力がますます混乱してきそうになっているとしたら、どうすべきでしょうか。こういうときにこそ、セラピストがクライエントの息づかいに深く聴き入ることが有効なのです。電話という文明の利器を通して伝わってきているのが原初以来の生命体のエネルギー（の苦しい在り方）なのだ、ということを思い出し、電話線の向こうでそのエネルギーの発信源たるひとりの人間がみずからの意志でこの対話の関係を維持しつづけているのだ、ということを実感するなら、セラピストはこの難局を乗り切れるかもしれません。

セラピストはクライエントの苦しそうな呼吸音に聴き入るうち、やがてクライエントを身近に感じ、まるで旅先の宿で隣りに寝ている人の寝息を聞くような感じになってくるかもしれません。そうこうするうちに、クライエントとセラピストのどちらからともなく安心感が伝わり、セラピストにとっては、クライエントの語る言葉がよく理解できるようになり、またクライエントに向ける言葉も見つかることでしょう。

相手の息に耳を傾けるということは、相手が抽象的な存在ではなくひとつの生き物であり、それと向き合う自分もまた一個の生き物であるということを、絶えず知覚することです。人にはそれぞれに生命体的な波長のようなものがありますが、それとその人の呼吸のリズムとはなんらかの関係があると考えてよいでしょう。一個の生命体の呼吸のリズムや、大きく宇宙の躍動のリズムに耳を傾けることは、人間や世界に対する無条件の肯定的な関心 unconditional positive regard のきわめて具体的で実践的なあらわれである、ということができましょう。このように傾聴がそのまま、もっとも治療的な応答になっていることがしばしばあるのです。

またセラピストは、クライエントの声（発声の様子）にも耳を傾ける必要があります。クライエントの声は、まずなによりもその人らしさを表現しているものです。セラピトがそれを知覚していると、クライエントがおこなうみずからの内的経験と自己概念との微調整という細やかな作業をつなぎ留め安定させる、という役割を担い得るはずです。人の声とは不思議なもので、指紋と同じくらいにその人の独自性をあらわしています。よく知っている人の声が少しでも耳に入ると、言葉の内容を理解する以前に、すでに私たちはある種の感覚と感情を経験するでしょう。人の声には大変な力があります。その力は、その人の内奥に秘められているものの顔のようなものでもあります。

顔に表情があるように、声にも表情があります。セラピストはクライエントの声の表情を丁寧に聴き取ることによって、クライエントの内的経験に近いところに居続けることができます。そして、クライエントの語る言葉が彼自身の経験と自己概念とを一致させる性質をもっているかどうかを、見守ることができるのです。

ことば

セラピストは、クライエントからの身体感覚レベルの情報を徹頭徹尾大切にして、精確にそれに応答していくことが望ましい、ということを先に述べました。同じような努力は、クライエントの語る言葉（文字というかたちをとっている場合であれ）に対しても為されるとよいのです。ひところ、「クライエントの語る言葉に惑わされ立ち往生したあげく、クライエントの語る内容よりも語調に注意を払うことにした」というような言いかたが為されました。けれどもこれが、それまでの偏った傾向に対する反動のようなものであっては困ります。セラピストの読解・解読能力こそが彼の専門性の中核であることは、あとでまた触れたいと思います。

正しくは、クライエントの語る言葉の「意味内容」と「語調」の両方に注意を払い、その両方のバランスのようなものを追跡していくべきでしょう。またセラピストの応答は、これまた内容と語調の両方において、そのバランスのもとに有効に為されるべきでしょう。クライエントとセラピストの双方において、〝からだ〟と〝ことば〟の調和が追求される必要があるのです。

その具体的な作業としては、クライエントの語る言葉の「単語」「構文」「物語」という各レベルにおいて傾聴が為されることが望ましいでしょう。

クライエントが口にしたあるひとつの単語が、その文脈や語調ゆえになにか特有の重要性をもっていると認められたら、セラピストもそれを口にしてみるのもよいでしょうし、あえて口にせずいっそう丁寧に文脈やクライエントの表情に注意を払いながら傾聴を続けるのもよいでしょう。いずれの場合であれ、そこにセラピストの人間的関与が感じられるように為される必要があります。「機械的な感じ」「形式主義的な対応」は治療的な応答にはなり得ないし、クライエント中心療法の基本とまったく矛盾するからです。

治療面接が何回か続いた段階では、クライエントの言葉はそれまでの長い流れのなかで受けとめられるべきです。初めの頃にはその語感がよくつかめなかった単語が、その色合いを深めて、豊かに、あるいは重苦しいまでの迫力をもって、伝わってくるかもしれません。そういうときこそ、セラピストにより有効な応答が可能になっているはずです。

また、クライエントの使う構文にも注意を払うのがよいでしょう。文の長い／短いとか、単純さ／複雑さとか、否定形・疑問形の現れ方とか、接続詞や助詞・助動詞の類の使い方の特徴とかは、クライエントの認知や思考の特徴およびその時々の気分をよく表しているかもしれません。セラピストはクライエントのメッセージのこういう側面にも冷静に対応し、しかも人間的に関与すべきです。クライエントの「文体」がその「語調」とあわせてセラピストには息苦しく感じられる場合であっても、感情的になって混乱したり、暗にクライエントを攻撃したりせず、その「文体」の必然性を《共感》的に理解し、胆力と機知によって状況を打開することが望ましいのです。

クライエントの語りの構文や文体に注意を払うと同時に、セラピストは、みずからの応答における語りの構文・文体にも注意を払う必要があります。なによりも、クライエントにわかりやすく、しかもひとりの人間としてのセラピストの自己表現として、無理がなく豊かな語り口を編み出す工夫をしたいものです。セラピストであるまえに人間であるところからくる「その人らしさ」が、充分に自覚され、傾聴と応答という専門的な作業においてなにが有効かという観点のもとに洗練されていくことがよいでしょう。それができたうえでなら、クライエントの思考過程の特徴を表すその語り口を、セラピストが語彙論・構文論の角度から検討し、あわせてみずからの語り口をも再検討しつつ、一種戦略的に対応していく、ということも治療的に有効な応答になるかもしれません。ただし、もちろんこれは、相手への敬意、いわば武士道的な敬意が双方にあってのことです。

クライエントの物語に耳を傾けるというレベルもあります。セラピストはクライエントの「おはなし」を聴くのです。クライエントの呼吸・発声、単語・構文にそれぞれ注意を払いながら、また、自覚して（ないしは自覚せず）セラピストもそれぞれのレベルで応答（あるいは反応）しながら、クライエントのひとまとまりの物語を聴いていくのです。

家族の話であれ、職場の話であれ、学校の話であれ、友人の話であれ、架空の物語であれ、一種の理論のようなものであれ、それらはそれなりの形態と色彩をもっていることでしょう。それらの話は、話し手であるクライエント自身となんらかの関係をもっているはずですし、さらには、クライエントとセラピストというふたりの人間関係ともつながっているでしょう。

その話がいかにありきたりなものであれ、また風変わりなものであれ、それは、セラピストにはそう思われたということにほかなりません。ありきたりと思われたものが、長期にわたる面接の流れのなかでは、驚くほど特有で具体的な意味をもっているかもしれませんし、風変わりだと思われた物語が、大きな文脈のなかでは、いかにもその人らしいこととして了解されるかもしれません。また、架空の話や理論めいた話は、常識的なセラピストにはとかく苦手なもので、それらに素直に耳を傾けるのが難しいかもしれません。けれど、クライエントの話を単語や構文のレベルから専門家の良心と知能をもって研究するならば、多くの「難しい話」もセラピストによってある程度了解され得るはずです。いや、そうでなければ困るのです（もっとも、セラピストが単にわかったつもりになったり、自分の興味に引きつけて強引に解釈するのも、同じくらい困ったことですが）。

もうひとつ。クライエントの話を、クライエントとセラピストの人間関係とのつながりで聴き、理解し、応答していくことも重要です。クライエントはひとりの人間として独自の人生を生きていて、人間や社会への独自の思いをもっています。そこにセラピストというひとりの人間が重要人物として現れれば、その人物との関係のなかに、それまで抱いてきたさまざまな思いを知らず知らず重ねあわせずにはいられない、というのは自然なことでしょう。希望と失望、依存と警戒、抑制と開放、献身と自尊などのさまざまな思いが幾重にもかさなりあって、ひとつの複雑な思いがつくりだされるかもしれません。ふたりの関係における相互の複雑な思いのからみ合いは、それと気づかれないことが多く、治療関係を困難なものにします。しかし、この困難の出現こそ、ふたりの人間がみずからのこころの深奥をそれと知らず互いにつきあわせ、それをきっかけに、みずからの潜在的な葛藤や苦悩に気づきはじめるかもしれない、そんな事態に至っていることを示すのです。

この事態を創造的に乗り切るには、まずセラピストが事態を精確に把握する必要があります。そして、頭ひとつ水上に出した泳者のように余裕をもって、自身と相手（クライエント）のさまざまな思いを、ひとつひとつ、つぶさに検討すべきです。セラピストがみずからの潜在的な不安をはっきりと経験し、それを自己概念としっくりしたかたちに収めることができれば、クライエントの不安や動揺も、やがて納まるでしょう。これはセラピストがクライエントに譲歩するということではなく、いわば「率先垂範」するということなのです。とくにおこがましいことでもなく、セラピストという専門家として当然なことをするだけのことなのです。

ここでは先に述べた、セラピストの統合力としての《真実（純粋）性》がますます重要になってきます。これはけっして容易なことではなく、セラピストがみずからの内なる深淵を見つめる勇気があってはじめて確保される、ということもすでに述べました。この態度があれば、セラピストは、クライエントの話・物語・哲学を、それなりに味わい、愛しむことができましょう。それが、あえていえば人生における最高の遊戯であり、もっとも創造的な営みでもあることに気づくかもしれません。

いのち

傾聴と応答の対象として、ここまでは〝からだ〟と〝ことば〟を考察してきました。次に「存在」ということを考えてみましょう。「存在」という言葉はいいかえれば〝こころ〟や〝いのち〟ということにもなるでしょう。どちらも、その全体・内実を意味する語です。〝いのち〟というのはまた〝からだ〟に還っていくことでもあります。

セラピストはクライエントの声を聴くことによって、その存在を感じることができます。クライエントがある言葉を口にしたのを聴くことによっても、その存在を感じることができます。「いかにもこの人らしい言い回しだな」と思いながら、やはりそこに相手の存在を感じることができるのです。失敗談であれ自慢話であれ、それを聴くことで、そこに彼の存在を感じることができます。セラピストが感心してしまうような話にも、あるいは困惑してしまうような話にも、やはりある程度クライエントの存在が感じられることでしょう。クライエントのいろいろな動作や表情を見ることによっても、そこにひとりの人間としてのクライエントが感じられることでしょう。

クライエントがある声である言葉ないしある物語を語ったとします。それを聴いていたはずのセラピストのこころにある種の空白ないし動揺が生じて、しかもセラピストがそれに気づかなかったとします。この場合、余裕のないセラピストは、そのときのクライエントをひとつの存在として明確に感ずることができなくなります。クライエントの〝からだ〟〝ことば〟〝こころ〟〝いのち〟といった連続性のある内実が、ふたりの関係のなかであやふやになってしまうのです。このようなことが繰り返されると、クライエントとしては『聴いてもらっても、なんにもならない』『かえって苦しくなるばかりだ』と言わざるを得なくなります。あるいは、クライエントのこころにも生じてくる空白を埋めようとする試みが、セラピストをびっくりさせるような不都合をもたらすことになるかもしれません。

人間関係のなかで自己がひとつの存在として確かに《受容》されている、ということが無い場合にいろいろと困難な問題が起こることは、いまさら言うまでもありません。いくつかの精神病理について、心理面接の立場から具体的に見てみましょう。

〈強迫〉においては、〝ことば〟というものが特有の重みをもって、「こころの全体性」という自然の事実と葛藤を起こしていると考えられます。強迫症的な人は、〝ことば〟およびその近縁の観念と格闘し、窮地に追い込まれます。彼は周囲の人々やセラピストをも、人間関係のなかで窮地に追い込みます。セラピストとしては、そのクライエントと真剣にしかし適度につきあうなかで、クライエントの悪循環がじつは「大いなる調和の世界を希求する努力」なのだということを見すえ、クライエントが自らの力で「出口なし」の状態から脱出するのを見守るのがよいでしょう。この場合、いささかのユーモアが有効であることが多いように思われます。

〈強迫〉傾向においては〝ことば〟が〝こころ〟を抑え込んでいるのに比べ、〈ヒステリー〉傾向には、〝こころ〟が〝ことば〟を振り回しているという側面があります。もちろん、それに先立って〝こころ〟が肝腎な部分で抑えつけられていたためであり、この振り回しは『もうイヤだ!』という叫びを伴っています。この窮余の反撃はクライエントの〝からだ〟をも痛打し、さらにセラピストの脳天への一撃ともなり得ます。セラピストとしては、この一撃を、みずからの頂門の一針として受けとめ、クライエントの〝こころ〟と〝いのち〟が健在であることを、深く肯定的に認識すべきです。ヒステリー的な人は時に「自由奔放」に振舞いますが、本格的な自信はもっておらず、支持者のいないところでは、かつての部分的ではあるが極端な自己規制を知らず知らずにやってしまいます。セラピストの役割は、クライエントの感覚面・感情面の奥にある痛切な叫びに聴き入ることでしょう。そして、温かくも泰然たる態度で臨む必要があります。

〈心身症〉においては〝ことば〟が〝からだ〟から切り離されており、強迫症やヒステリーに見られるような魔術的ないし演劇的な力をそなえていません。クライエントのこころのなかではなにかが棚上げの状態になっており、そのことじたいを彼自身が忘れてしまっているかのようです。セラピストは、クライエントの症状が彼のこの「こころの空洞」のようなものから発していることを理解しておく必要があります。その理解のないところでは、セラピストの熱心な治療的はたらきかけに対してクライエントは本気で乗って来ず、丁重に礼を尽くしてお帰り願うという風にしかならないでしょう。セラピストがクライエントのなかに「不服従・無抵抗主義」とでも呼びたくなる毅然たる精神的姿勢の片鱗を見出すことができたとき、クライエントのほうでもセラピストとの人間関係に確かな手ごたえを感じ始めるかもしれません。そのような関係のなかでセラピストは、クライエントの症状の訴えやその他の話に、ひとつの存在・ひとつの〝いのち〟のようなものから発しているものとして、耳を傾けることができるようになるでしょう。

〈抑うつ症〉においては、クライエントの〝ことば〟は、発しても苦しく発さなくても苦しいというような葛藤状態のなかから発せられます。たとえ彼が、息を力ずくでコントロールして冷静な話し方をしたとしても、そうなのです。症状が重くなると〝ことば〟の重苦しさも増え、語彙や構文の形態や色彩はありきたりのものとなりやすい。しかしそれにつれて〝ことば〟は〝からだ〟と〝こころ〟の呻きのようなものとなっていき、セラピストの応答も、〝からだ〟レベルの息や声の調整によってまかなわれる比重が増大する。けれども、そういうときでも「クライエントの話はかえって無駄を削ぎ落として素朴にも真実なものとなっているのだ」ということをセラピストは忘れてはなりません。その話に耳を傾け、みずからの〝からだ〟で感じる加重のようなものに耐えながら、クライエントの〝いのち〟の傍にセラピストがしばし居つづけることが、人並み外れて辛抱強い人であるクライエントへの、ひとつの確実な応答となるのです。

〈妄想症〉においてはクライエントの〝ことば〟は、彼の〝こころ〟の現実にとっては、かなりよく練りあげられたものであり、内情を知らぬ者の批判や反論はほとんど受けつけられません。クライエントの「妄想」とは、彼が人知れず抱いている〝こころ〟の傷に対する包帯のようなものであり、彼を守っているものなのです。その意味で、妄想症的な人とは基本的に、充分には守られてこなかった人といえます。したがって、クライエントの「妄想」に対応するに際してセラピストは「クライエントのこころのきわめて微妙な部分に関与するのだ」という意識をもつことがまず必要であり、また

「その意識をもってクライエントに向き合っているのだ」ということを暗に伝える必要があります。慎重でしかも思い切りのよいこのような対応は、クライエントにいささかの安心感と元気を与えるでしょう。その結果、クライエントの声がセラピストの耳に、以前よりも親しげに響くようになり、「ふたりの人間が時間と空間を共有しているのが有意義だ」という感じがセラピストに生じ、そしてクライエントにも生じることでしょう。このようにして互いの存在を認めたうえで、「親しきなかにも礼儀あり」ということを肝に銘じ、「淡きこと水の如し」の態度でつきあってゆけることが望ましいと思われます。そのためには、クライエントの獄中書簡のような物語をセラピストが冷静にしかも《共感》的に読解・解読できることが不可欠です。

〈離人症〉においては〝ことば〟が〝こころ〟と緊密な連結をもっていて、ひとつの世界を形成しています。ところがその世界と〝からだ〟の関係が希薄で、自己の存在感も希薄になっています。それだけにクライエントの訴えは切実で、他者との関係が潜在的には強く求められています。幾何学的にいえば、妄想では関係が「ねじれ」の位置にあるが、離人では「平行」の関係にあって隙間があいてしまっているかのようです。そのため、クライエントの話は、妄想症の場合よりずっと見えやすいのですが、その理解だけでは隙間を埋めることはできません。それを可能にするのは、妄想症の場合にも似て、「クライエントとセラピストが互いの声に耳を傾け、そこにある近しさを感じながら、自他の存在に改めて気づかされる」という経験過程だと思われます。

なお次章では、さらに歩を進めて〈統合失調症〉に関するアプローチの可能性を、私なりの見解から探ってみたいと思います。

おわりに

ところで、クライエント中心療法が現在にまでもたらしたものは何でしょうか？　また、将来さらに発展するとしたら、どういうかたちにおいてでしょうか？

自由

クライエント中心療法の根底にある発想は、人間の自由・個人の自由ということでしょう。精神分析や行動療法の理論が明らかにしているように、人間の精神は多くの面で規定されています。しかしながら、それらの規定にもかかわらず、人間に思考の自由（ないし思考の自由の可能性）があることは、誰も否定できないのです。ひとりの人間は、みずからの身体感覚に根ざした独自の経験過程を、まったく自分自身のものとして生きてよいのであり、それにもとづいて、みずからの自己概念を変化させていくことができるのです。私たちは、世界と共に生き人々と共に生きることに大きな喜びを見出すことができます。私たちは、多くの書物を読み、多くの思想に触れ、多くの人々と話し合ったあとで、ふたたび自分に立ち戻り、そのときの自身に最もふさわしい思考を推し進めることができます。

もちろんセラピストとしては、クライエントの話を理解するための「読解力」や、それを身体感覚で受けとめそこに居続けるための「耐久力」（しなやかな強さ）が必要です。これらは、専門家として日々精進して身につけるべきものです。そしてそれらが生きるのは、セラピストが自分自身をよく知ったうえで自由にさまざまな工夫をしていく、という前提があってのことでしょう。個人の自由や発想の自由ということの価値は、いくら強調しても足りません。

共存

とはいっても、この根底の考え方は、クライエント中心療法をドグマにするものではありません。思想の自由とは、相容れないようにみえる他の考え方にも発言権を提供するということであり、クライエント中心療法の基本からすれば、そのような他の考え方に対しても積極的な関心をもつことが望ましいのです。もっとも大切なのは、人間の可能性をめぐっての自由な考え方なのですから。

心理療法という分野の枠を超えても、このような〝自由〟と〝共存〟の思想は、二十一世紀の人類社会の展望を開くものになるでしょう。古代以来の陰謀と流血は相変わらず続くとしても、です。異質な個人・異質な集団のあいだの対話はますますその必要性を増すでしょうし、その成果と並んで、その困難もますます痛感されるようになるかもしれません。「相手がなにを考えているか、わからない」という不安からは、相手と関係をもとうとする努力を否定する姿勢だけでなく、相手の存在そのものを否定する精神状態が生じやすいものです。あるいは被害感や警戒心といった暗い情熱も生じやすいものです。しかし、そのような暗い情熱といえども、根底では、相手との良い関係を狂おしく求めるこころとつながっているのですし、相手の存在そのものを否定する精神状態にしても、それが人間の精神状態であるかぎり、魔術的・超越的な思考力というものと無関係ではありますまい。「人間の可能性をめぐっての自由な考え方」とは、人間におけるこのような情熱や精神状態の存在を肯定し、その意味を客観的かつ創造的な視点からとらえようとすることでもなければなりません。人が相手を正しく理解しようとするときの明るい情熱は、その人自身をも照らし出し、自身の豊かさを浮かび上がらせ、そのこころに窮極の平和の感覚を生ぜしめるでしょう。

出会い

人類の歴史において、膨大な量の文化遺産がつくられてきました。心理学の歴史においても、スケールは異なるものの多大の事実や理論が蓄積されてきています。しかしながら、比較は難しいけれども、ひとりの人の人生の内容はけっしてそれらに劣らぬほど大きなものである、といってよいでしょう。単に大きいだけでなく、やはり造化の神がつくったとしかいいようのないほどに精緻な構造をもっています。そこに含まれる悲劇性や不条理にしても、そういう性質をもっています。ひとりの人がもうひとりの人とのあいだにもつ関係において、互いに相手の人生のなかに、このような大きさや恐ろしいまでの豊かさを認識したり体感したりしたとき、ふたりの〝出会い〟があったといってよいでしょう。

人間関係におけるこのような局面が、根底において個人を支え、家族を支え、社会や文化を支えてきました。このようなさまざまなレベルにおける創造性を生み出してきた情熱は、〝出会い〟ということと切っても切れない関係にあります。平たくいえば、創造性とは、人が人を好きになり、しかもそれだけではすまなくなるところから生ずるのです。クライエント中心療法の考え方は、このような人間関係の真実に、もっとも素直にアプローチしているといえましょう。

二十一世紀を迎えて、人類は大きな精神的課題をかかえています。特定のドグマを絶対化することによっては、それを解決していくことはできません。〝自由〟〝共存〟〝出会い〟の重要性を深く理解し、人間の創造性というものになお信頼できるクライエント中心療法は、その根源性のゆえに、心理療法のさまざまな分野において大きな役割を果たしていくことでしょう。

本章は「クライエント（来談者）中心療法」〔『心理療法入門』金子書房　一九九三年〕および「クライエント中心療法の中心問題」〔『臨床心理学体系　7』金子書房　一九九〇年〕をもとに大幅に筆を入れたうえで構成されたものです。なお、本章に関連して次のような文献があることも記しておきます――拙論「来談者中心療法」〔『スクールカウンセリングの基礎知識』新書館 二〇〇二年〕・「ロジャーズ――その時代・文化的背景」〔『ロジャーズ再考』培風館 二〇〇〇年〕・同「自己とは何か――ロジャーズの自己論」〔『臨床心理学体系 2』金子書房 一九九〇年〕など。

第五章　霧のなかをともに歩む

心理療法の「関係の質」

クライエント中心療法とは、「受容・共感・真実（純粋）性というような在り方がセラピストには必要であり、かつ、そのような在り方がセラピーにとくに有効である」とする考え方にもとづくアプローチの総称といってもよいでしょう。またこの考え方からは、エンカウンター・グループのようなグループ・アプローチが生まれ、さらにフォーカシングのような自己自身（およびそのなかに絶えず萌芽する意味感情）へのアプローチ（技法ならぬ技法ともいうべきもの）が派生しています。

ところで、このようにとらえたクライエント中心療法は、一般に容易でないと考えられている〈統合失調症〉の心理療法に、はっきりと有効なアプローチであるというのが、現在の私の見解です。

ロジャーズがある時期の精神医学や精神分析の硬直性に疑問を感じて打ち出したこの方向性は、ひとつの問題提起であり、意義がその効用によって評価されるべきものであることは、いうまでもありません。そこで私の実践の立場から、クライエント中心療法の諸概念とアプローチがどのように機能し意味をもつかについて、述べてみたいと思います。なお、以下の論述を読まれた方が「これは、なにもロジャーズ派に限るまい」という感想をもたれたとしたら、私にとっては名誉なことです。なぜなら、「フロイト派であれユング派であれ、クライン派であれウィニコット派であれ、クライエントを援助できる心理療法の〝関係の質〟には共通のものがあるのではないか」というのが、ロジャーズの訴えたかったことと共通だからです。

一緒に居られること

〈統合失調症〉のクライエントと一緒に居ることは、セラピストにとってひとつの意味のある仕事です。面接の場がクライエントにとってどの程度、安心できる居場所となるかが重要なのです。クライエントはもしかすると、どこに居ても落ち着かず、ひとりで居ても他人と居ても落ち着かないかもしれません。このような状態は、神経系の過剰なはたらきであり、また同時に「存在のいたたまれなさ」ともいえましょう。時に身を切るような苦痛であるこのような感じは、セラピストに（排除さえしなければ）ある程度伝わるもので、セラピストにも苦痛ないし不安をもたらします。

かくも困難な状況においても、ふたりが一緒に居て「互いの関係」を肯定できるとき、その場は受容的な場であるといえましょう。ことほど左様に《受容》とは、お互いの共同作業であって、ひとり相撲ではできないことなのです。セラピストの仕事は、このような関係の質をよく理解し、可能性を信じてしばしその場に踏み留まることではないでしょうか。ただし、苦痛と不安に特徴づけられるそうした状況に留まるのは、容易ではありません。そこには「なにかがわからない」（あるいは「なにもわからない」）とでもいうような漠然とした感じがあり、その感じに馴染むしか仕方がない、というようなことかもしれません。ヘルマン・ヘッセに「霧の中」という詩があります〔高橋健二訳〕。

不思議だ、霧の中を歩くのは！
どの茂みも石も孤独だ。
どの木にも他の木は見えない。
みんなひとりぼっちだ。

私の生活がまだ明るかったころ、
私にとって世界は友達に溢れていた。
いま、霧がおりると、
だれももう見えない。

ほんとうに、自分をすべてのものから
逆らいようもなく、そっとへだてる
暗さを知らないものは、
賢くはないのだ。

不思議だ、霧の中を歩くのは！
人生とは孤独であることだ。
だれも他の人を知らない。
みんなひとりぼっちだ。

この詩はおそらくヘッセ自身の個人的な体験にもとづくものでしょうが、私にはまた、安心できる居場所を求めながらもなかなか落ち着けないクライエント（そしてセラピスト）の不安と希望を見事にあらわしているように思われます。

人生とは、時に、霧のなかをひとりで歩いて行くようなものです。その実感を「不思議」と表現できるのは、それなりの精神的な力によるものでしょう。不思議という言葉には、生活における出会い（エンカウンター）や味わい（フェルトセンス）への肯定的な関心が読みとれます。その感じが「不思議」「不気味」という言葉になることもあり得るのです。ですから、これらの言葉が示そうとする一種否定的な心的世界もまたきわめて人間的な世界である、ということをある程度納得できなければ、統合失調症的な不安と孤独のなかにいるクライエントと一緒に居ることはできません。

その際に役立つのは、たとえば「不可解」という言葉が語られるときにはそこに幾ばくかの理解したい気持があり、たとえば「不気味」という言葉が語られるときにもやはり幾ばくかの味わいたい気持があるのかもしれない、というフロイト的な知恵です。

セラピストがクライエントを受容したいと思い、同じくらいの切実さで受容されたいと願う、そのような困難な情況をメタファーで表現すると、先の詩の「どの茂みも石も孤独だ」となるのかもしれません。つまり、このような状況にあっては、クライエントにもセラピストにも、お互いが「木石」になったかのような体験過程が生ずる可能性があるのです。感受性の高いクライエントのセルフシステム〔サリヴァン〕は、さながら高性能コンピューターのように機能し、休むことを知りません。そして、その組織をあげた膨大な情報処理の目指すところは、「安心」の一語なのです。

「木石」のこころには、哺乳類の温もりもなく魚類の潤いもないとしても、時に大自然の息吹に通じるものがあり、大きな世界のなかに自己を定位することを可能にしてくれます。つまり、それに触れていると「宇宙の孤児」にならなくて済むのかもしれないのです。木や石のベンチが人のこころを実際に慰めてくれることはなくとも、ささやかな居場所・休憩所を提供してくれることがあるのを思い出してみましょう。いずれにしても、木石のこころがいわゆる「感情鈍麻」という概念とはほど遠いものであるのは確かです。なぜなら感情鈍麻とは、いわば頭脳における過労死寸前の危機状況であり、休むことができないことの結果なのですから。

それにしても木石の世界は「空寂」の世界であり、温もりも潤いもなく、慰めもない世界です。恐ろしく寂しい世界なのです。ですが、それもひとつの現実（不快な現実）であり、セラピストにとっては、感情的にならず冷静に認識すべき事柄なのです。またこの認識は、頭だけでなく〝からだ〟の実感にもよるものでなければなりません。「冷暖自知」の体験としてじかにクライエントの空寂の世界を知り、その世界にもささやかな〝いのち〟が存在することを知ってはじめてセラピストは、クライエントと一緒に居てようやく少し落ち着きを得ることができるのではないでしょうか。

もう三十年近く昔のことですが、ある緊張型とおぼしき〈統合失調症〉の男子学生と面接することがあり、彼の表面にある「堅さ」や「奇妙さ」に戸惑ったことがあります。しかし私にはなぜか、彼の存在が気になるところがあり、戸惑いながらも何回か会ううちに、ある日、とても静かな時間が訪れました。少なくとも私にはそう思えたのであり、そういう私には、彼もまたこころなしか和らいだ様子に見えたのです。ふたりで部屋のなかに座っていると、なにかしら「原初的」とでもいうべき静寂があたりを包んでいるように感じられました。妄想的な不安を訴えるクライエントと幸いにも少し落ち着いて座っていられるときにそのような静寂を感じたことは、その後も少なからずありますが、このときは、そのような体験の質がとくに顕著でした［こうした体験については次章で、統合失調症の「霧」へとさらに踏み込むなかで、詳しく述べようと思います］。

想像するに、このような静寂のなかでのみ、クライエントの〝こころ〟（あるいは〝いのち〟）の敏感で傷つきやすい性質が、ようやく息をつけるのでしょう。だとすれば、「幻聴」が聞こえるというようないわゆる「病理」現象は、そのような性質をもった〝こころ〟の不調であり、予告であり、信号であるのかもしれません。そうすると、クライエントと一緒に居る際のセラピストの在り方が、このような原初的・根源的な静寂のなかに無理なく収まっていることが、信頼の第一条件だ、ということになります。そして職業人としてのセラピストとは、クライエントとしばし共有したこのような静寂に似つかわしい精妙な身体感覚を確かめ、ひとまずそれを内にしまってから、帰宅すべく混雑した交通機関に乗り込むようなことができる人、ということになるのかもしれません。

このように考えれば《受容》とは、セラピストがクライエントの非日常性を身体感覚で受けとめて、みずからのなかに容れ、その結果生じた新たな身体感覚をまたみずからのなかに収めて、日常性を生きることだともいえましょう。クライエントの非日常性とは、「不思議」とか「不可解」とか、ある種の孤独の「不気味さ」といったことです。これらはあくまでもセラピストが抱くイメージであり、クライエント自身にとってどういうことであるのかは別問題だ、ということを忘れてはなりません。自分と別個の人間がそこに居て、自分もここに居て、自分がいろいろなにかしら感じている、そんな状況の意味をどうとらえるのかという問題は、《共感》の問題に関わります。

侵襲しないアプローチ

クライエントと一緒に居ることができたとすると、セラピストの次なる仕事は、「そこでお互いが何を感じているか」ということにかかわるのですが、これがまた容易ではありません。

たとえば先に述べたような「原初的な静寂」は、あるときは不思議にも感動的になり得ますが、一歩まちがえば不気味で威圧的なものにもなり得ます。セラピストにとって、相手がどんな気持でそこにいるのかということは、最大の関心事ですが、それは簡単にわかるとも、容易にはわからないともいえます。仮に『どんなお気持ですか？』と問うたとしても、クライエントにとって、この言葉が、落ち着いた雰囲気で語りかけられる親しみのある言葉として響くか、居心地のわるい場で発せられる詮索的な言葉として突きつけられるかは、大きな違いです。セラピストのはたらきかけは、そこにいるクライエントへの関心にもとづいているのですが、そのアプローチが相手にとって侵襲的にならない、ということが両者の関係にとって必須なのであって、ここに《共感》の難しさがあります。

その難しさは、どこに由来するのでしょうか。それは、ヘッセの詩でいえば「……自分をすべてのものから／逆らいようもなく、そっとへだてる／暗さ……」を知ることができるか、ということです。その暗さとは、たとえば「他者」とか、さらに突きつめて「死」とかいうことにかかわってくるでしょう。それらは、わからないものの代名詞、人間にとって不可知なものの代表です。

ところで代名詞といえば、「わたし」とか「あなた」とかいう代名詞は、そのつど指し示す対象が千差万別で、そのことばが語られる対人的な場において了解されてはじめて意味をもつことになります。そのうえ、特定の場面で使用される代名詞の意味するところも、じつはあまりはっきりしているわけではありません。ある人が『わたしは……』と言う場合でも、その人が自分のことを充分にわかって言うわけではないようなことは、いくらでもあるのです。ましてや『あなたは……』と言う場合、さらに根拠が疑わしくなります。このように、『わたしは〜だと思う』『あなたは〜だと思う』といった陳述は、しばしば根拠の薄弱なものなのです。にもかかわらず、このような陳述が対人関係に及ぼす効果には大きなものがあります。たとえば『あなたは〜だと思う』に、「良い人」「悪い人」「美しい人」「醜い人」「神様」「悪魔」などを挿れてみれば、よくわかるでしょう。そう言われた人は文字どおり『〜と言われてしまった』とか『〜と言ってくれた』とかと言うでしょう。

　これは日本語のおもしろいところで、「言われてしまった」「聞かれてしまった」「見られてしまった」というのは、侵襲されたということであり、自分の否定的な部分を非難攻撃されたことを意味します（その極致は「やられてしまった」でしょう）。セラピストが主観的には善意でアプローチしても、クライエントがそこに侵襲の危険を感じとるなら、そこに《共感》的理解の関係があるとはいえません。〈統合失調症〉の幻聴は、正体をつかめない相手になにか嫌なことを「言われてしまっている」という、困惑・混乱させられる体験だと考えられます。また、セラピストが良いことを「言ってあげた」場合でも、クライエントはこころ穏やかではないのです（「言ってくれた」「やってくれた」という言い回しが「うるさい」「迷惑だ」の意味にもなることは興味深く思います）。

ヘッセの「……暗さを知らないものは、／賢くはないのだ」という詩句は、〈統合失調症〉のクライエントとの相互理解に苦慮・苦闘するセラピストへのほろ苦い助言になり得ます。同様に、クライエントの生《なま》の言葉（およびその声の響きと息づかい）を徹底的に大事にして、性急な解釈的理解を抑制することが、統合失調症の心理療法においてきわめて重要であるということを、クライエント中心療法は提言しているのです。

ふつうの人・ただの人

これまで述べてきたように、セラピストはクライエントとある程度落ち着いて一緒に居られるよう努力し、そのうえで自然な会話を試みようとするのですが、クライエントが〈統合失調症〉的な不安のなかにいるため、これがなかなか難しいこととなり、双方が苦労します。

コミュニケーションに困難を感じるクライエントは、家庭やその他の社会的な場で「不思議な」「不可解な」「厄介な」人間と見られやすいし、クライエント自身も別な意味で自分を「周りとは違う」と見るかもしれません（これには周りの「目」の影響もあるでしょう）。精神病理学的にいえば、〈統合失調症〉の人はずいぶん特殊な人間ということになるかもしれません。しかしクライエント中心療法では、統合失調症の人の精神状況・生活状況の大変さは事実として認めつつも、その大変な状況を、ひとりの人間にあり得る苦境の極度なものとして理解します。そして彼をふつうの人として見るのです。

　セラピストはそのような見方に立って、《受容》と《共感》の工夫をしながら、クライエントとの人間関係を築いていこうと努力します。その努力はしばしば苦労の多いものであり、その過程においてセラピストは、クライエントの常日頃の苦労を思い知らされます。

　このような体験をしながらセラピストは、みずからの姿をクライエントの前に現わさざるを得ません。「霧の中」から現われたその姿は、神様でも悪魔でもなく、超越者でも宇宙人でもない、ただの人なのです。そこで求められているのは、宗教家でもなく、革命家でもなく、科学者でもなく、芸術家でもなく、極言すればセラピストですらありません。

　ヘッセが「(……まだ明るかった頃)……世界は友達に溢れていた」というのは、数の問題ではないのでしょう。クライエントにとっては、「かつて自分とふつうにつきあってくれた人がいた」という事実を思い起こさせる存在が、いま、決定的に必要なのでしょう。「いま、霧がおりると、／だれももう見えない」という状況のなかで、誰かが自分のほうに人間らしい気持を向けてくれているという漠たる感覚が、クライエントを、そしてセラピストを、正気に返すのではないでしょうか。本章の最初に述べた「クライエントを援助する〝関係の質〟」ということの根底にあるのが、このような感覚なのではないでしょうか。

おわりに

フロイトによれば、精神医学はこころの「病理学」であり、精神分析はこころの「生理学」であるといいます。私にいわせれば、クライエント中心療法は、全体としての「人間学」だということになります。そして、それは感覚・感情にかかわる「自然学」と直観・思考に関わる「(広義の)関係学」を含むように思われるのですが、いかがでしょうか。今後も、精神医学や精神分析という先達から学びつつ、ロジャーズの提言を実践のなかに活かしていくことが切に望まれます。

次章では、統合失調症の「霧」へとさらに踏み込みながら、関係の質について考えたいと思います。

本章は「クライエント中心療法と分裂病」〔『こころの科学』74　日本評論社　一九九七年〕をもとに大幅に筆を入れたうえで構成されたものです。なお、本章に関連して次のような文献があることも記しておきます――拙論「臨床心理学キーワード――受容・共感・真実(純粋性)」〔『臨床心理学』7-1　金剛出版　二〇〇二年〕など。

第六章　病いと人、非日常と日常

統合失調症との出会い

　前章ではヘッセの詩に導かれてクライエント中心療法の可能性を見ましたが、本章ではさらに私自身の体験を振り返りながら、読者とともに、統合失調症の「霧の中」を歩んでみようと思います。

　私の三十年あまりにわたる心理臨床の実践のなかで、〈統合失調症〉との出会いの意味はけっして小さくないように思われます。いやむしろ、その意味はとても大きかったというべきでしょう。ここでは、その意味の大きさと複雑さを考え直したいと思います。それにあたっては、私のこころに消し難い痕跡を残していった人々の姿を客観的に描き出すよりも、彼らとの出会いをとおした私の体験過程を綴るほうに重点を置くことにします。その理由はきわめて実践的なところにあります。つまり私は本章を、〈統合失調症〉的な精神的困難のなかにある人が、今日にも明日にも、助けを求めてきたり、『人と話したいのです』と言って来談したときに、その事態にどう対応すべきかという観点から書いてみようとしているのです。そしてそのためには、私自身の体験過程を精査して適度な言語化を試みることが、もっとも有効だと考えているのです。

ところで「統合失調症との出会い」などという言い方は誤解を招くかもしれません。出会いということが人と人との事柄であるなら、この言い方は「人＝病い」と決めつけていることになるからです。けれどもいまは、相談員としての私の体験過程のひとコマとして御理解いただきたいと思います。実際には私は、〈統合失調症〉という精神的に困難な事態の性質に触れると同時に、その困難のなかにいるひとりの人間にも触れていたのだと思います。

迷いながらも……

A君は理科系の大学生でした。教養課程で優秀な成績をおさめ二年次の秋に専門が内定したものの、その頃から勉学意欲をなくし、それがきっかけで教務課から学生相談所を勧められました。そこで一度は相談に来たものの、あまり話せず（ということは、相談員としての私があまり話を聴けず）、その後、自宅に閉じこもりました。心配した母親が相談所に来て、A君の孤独のただならぬ雰囲気を話してくれました。その後、私は母親と電話で連絡をとっていましたが、ある日の早朝、私の自宅に（当時は学生便覧に教員の自宅の電話番号が載っていました！）母親より電話がありました。A君がいよいよ苦しくなり『入院したいので相談員（私）に伝えてくれ』と言ったとのこと。数箇月の入院のあと、A

君はまた学生相談所へ来ました。彼は、自己の同一性に関する不安や深刻な孤独感を訴えました。学業や進路についても迷いに迷い、なにか根本的なところがぐらついている、という感じでした。私としては、無力感を感じながらも、気長に相談を続けていくうち、話しあうことの意味とささやかな楽しみのようなものを実感できるようになりました。A君は、大学は中退しましたが、やがてアルバイトを始め、コンピューターの会社に勤めるようになりました。来談も年に数回（不定期）になり、年賀状に「昨年はお世話になりました。今年はお世話にならないようがんばります」というユーモラスな文面が見られた年は、初来談からちょうど十年目でした。

ずいぶんと大雑把な概要報告ではありますが、これをもとに、相談員＝私にとっての〝出会いの意味〟を考えつつ、体験過程を振り返ってみようと思います。

閉ざされたこころ

初めて来談したときのA君の雰囲気は、いまでも思い出せる気がします。口を一文字にむすび、「なにも話せない」「なにを話しても仕方ない」とでも言いたげに見えました。また、椅子に座った彼の体の周りの空気が、氷のようにひんやりしていた感覚は、いまでも私に残っています。あとで語られたことですが、当時彼は専門課程のクラスに溶けこめず、専門科目にも馴染めず、自分がいったい何をしていったらよいのかも皆目わからなくなっていた、といいます。さらに深いところでは、自分がいつか社会に出てひとりで生きていくということに、異常なまでの恐怖感を感じていた、とのことでもありました。家庭的背景にも悲劇的な要素がありました。

もし私が、彼の「口を一文字にむすび氷のようにひんやりとした感じ」に接して、その感じから生ずるみずからの体験過程をもっと尊重することができたなら、A君は自分の話をもっとしたかもしれません。おそらく、彼が感じていた孤立感は、私が当時体験し得た孤立感のレベルを超えていたのでしょう。

A君が家に閉じこもってからの「ただならぬ」雰囲気は、母親の話からかなり感じとることができました。こちらも胸が苦しくなるような日々が続いたあと、入院したいという意向を伝える母親の電話を受けたときは、身を切られる思いでした。このときはじめて、初回のポツンと彫像のように座っていた彼が、生身《なま》の苦しさそのものとして私に迫ってきたといえましょう。このような「切迫」感は、〈統合失調症〉に関わる際にしばしば体験するもののようです。

さて、これも退院後にA君から聞いたことですが、彼は家に閉じこもっている頃、なんとも言いようのない孤独な感じ、「自分が鳥になって、どこまで行っても果てしのない海の上を、ただ一羽、飛んでいる」ような感じを体験したといいます。それを聞いた私は、一瞬ボーッとして異次元に首を突っ込んだようになりました。そして、一種、蒼古的なイメージが浮かんだのをよく憶えています。「居場所がない」「どこにも行き場がない」という心細さが、限度を超えて彼を圧倒したのでしょう。当時彼は彼なりに、大学をやめて社会に出られるよういろいろと模索したものの、どれもうまくいかなかったといいます。彼はそのことをほとんど誰にも相談しませんでした。そもそも、自分の本当の気持を打ち明けて人と話したことは一度もなかった、と彼は後に語っています。

このように、まったく閉ざされたこころは奇妙な感じを抱かさせるものですが、我が身を振り返れば私にも無縁なことではありません。〈統合失調症〉的な人と共に居て「相手のなかに開かずの間のようなものがある」というイメージが浮かんだことはありましたし、また、自分のなかにもそれに似たこころの一部を感じざるを得ないこともありました。「統合失調症との出会い」の特質を仮にまとめるなら、閉ざされた〝こころ〟と行き場のない〝わたし〟、そして近づく破滅の〝不安〟ということになるかもしれません。統合失調症的な事態は、私たちのなかにもあるのです。

統合失調症の体験過程

退院して、服薬しながら通学するようになったA君にとって、自分というものはまだまだ不確かなものでした。というよりいよいよ不確かなものとなっていました。たとえば、自分の学籍がまだあることが信じられず、教務課長氏の厚意を得て直接自分の書類を見せてもらっても安心できませんでした。また、きわめて入り組んだ不安の訴えを聴いていると、私のほうも混乱してくるようでした。強迫的ないし妄想的ともよびたくなる彼の不安はしかし、彼の心細さをそのまま表していたのだと、いまでは思います（当時もある程度わかっていたような気はしますが）。

無力感のなかで

A君の主張は、荒唐無稽なところと理路整然としたところが組みあわさったもので、私がその点を指摘しても、彼は動ぜず、反対に私の論理の曖昧な点について的確に批判を加えるのでした。そんな彼に接していると、「最深奥の一点にぐらつきが生じた精巧なシステム」のようなイメージが生じることもありました。彼にとってその揺らぎは大変な脅威だったのでしょう。いまにして少しわかりますが、人は誰でも、こころのなかに致命的な一点（それについては何を言われても傷つき、何を言われても「やはり違う」と言いたくなるような一点）があるのではないでしょうか。とすれば、このようなA君に接して私が無力感を感じたことは、あながち無駄だったとはいえないかもしれません。なぜなら、無力感の体験過程のなかにこそ、私を彼にいささかでも近づけ得るものがあったのかもしれないのですから。いいかえれば、私にとっては、事態がどうにもならないということを痛感し、それをいくらかでも受け入れる気持になったとき、彼の現実の姿が見えたということでしょうか。

〈統合失調症〉的な人と話をして比較的うまく話せるのは、こちらが色々なことを考えに考えた末、「さしあたって言うべきことはなにもない」というような心境になったときのようです。「わかったぞ、うれしい！」「このことをいま誰かに話したい」「これは許せない！」などと思っているときは、どうも駄目（これらが本音であるのに隠して冷静を装うのは、もっと良くないのですが）なのです（だとすると、統合失調症的な人と対話するのに良い状態は、統合失調症に関する論考を書きたいと思っている状態とは矛盾する、ということかもしれません。少なくとも私は、この矛盾を感じながら本章を書いています）。

そういうわけで、相談員の感ずる無力感というのは、けっして甘いものではありません。なぜなら、それを体験しながら、みずからのこころのなかの「致命的な一点」を暴き出されるような不安に直面する危険性があるからです。見方によれば、治療者の側の不安は、「患者の側の愛（狂おしいばかりの愛）を感受しつつも自分は抵抗せざるを得ない」という事実を示しているともいえましょう（この場合、忘れてはならないのは、仮に患者の愛が狂おしい程で浸透性が甚だ強いとしても、患者自身はけっして非常識な人間とは限らない、ということです。「治療者が自身の不安の体験過程に誠実であるとき、良識を担当するのは患者である」ということも、おおいにあり得るのではないでしょうか）。

自明な世界へ

さて、A君との対話において私の感じた不安は、それほど強くはありませんでしたが、関係はけっして安穏なものでもありませんでした。異常体験を語る彼の体の周りには、なにか黒々としたエネルギーが渦巻いているかのようでもありました。この種の「黒」のイメージは〈統合失調症〉の人に感じるものです。それは「病い」の黒であり、同時にその病いが力であり命でもあるようなもの、とでもいいましょうか。日常的感覚では嫌悪を引き起こしそうな、にもかかわらず日常性を超えてすべてを包み込んでくれそうな黒です（精神の死、身体の現実、自然の混沌……）。

やがて、私の前に座っているA君の存在感が増し、彼の体温が感じられるようになりました。地味な会話のなかに私が幾ばくかの楽しみを感じるときもありました。「人間が生きるために必要とするものは、そう多くはない」というような思いがよぎるときもありました。性的な同一性が不確実なA君の話題に戸惑うときもありましたが、私は彼の話から、「人が人を好きになることの普遍性」の如きものを教わったといってもよいでしょう。

最初「なにも話せない」「なにを話しても仕方がない」とでも言いたげだったA君から相談員の私が「人が人と話すことの意味」を実感させられたのは、皮肉な話です。私は彼の話のなかに、蒼古的・病理的・非日常的なものを見出すと同時に、やがて相談が進むにつれて、日常的で自明な世界を発見（ないし再発見）していきました。この発見（再発見）された〝日常性〟と〝自明性〟の世界の意味は、とても大きいと思います。「人間は、政治や宗教、学問や芸術よりも、なによりも人間を必要とするのだ」ということを、私は彼から教えられました。いいかえれば、〈統合失調症〉の治療とは、「患者も人間であり治療者も人間である」ということを実地に体験する場なのです。

患者といえども〝ふつうの人〟で、治療者といえども〝ただの人〟です。私のささやかな臨床経験のなかで得た手応えをまとめれば、このようになるでしょうか。そしてこの言い方は私にとって、明日の実践にきわめて有効な手がかりを与えてくれそうに思われます。

もとより〈統合失調症〉的な世界は尋常なものではありません。安易な好奇心や善意の思い込みでもって近づくと、しばしば悲劇的な結果を生むであろうことは、周知のとおりです。癒し難い恐怖心や偏見を残すこともあり得ます。けれども私の経験によれば、その恐ろしさもまた、人間のこころの奥深さや人間社会の錯雑さを示唆するものであって、一概にこれを敬遠することは、臨床に携わる者の対話の場にはふさわしくないと思われます。

B君は大学入学一年目にして、その妄想的な言動に驚いた組友たちによって連れて来られました。相談員である私が会った感じでは、B君には、不安と混乱を抱えながらも、人に自分のことを打ち明けて頼るということについては相反する気持、大変な葛藤があるように見えました。彼の眼は、私の様子を窺い、異様な迫力に満ちていました。そして、人に対する愛情と恐怖の名状し難いアマルガムのような表情をしていました。また彼の言葉はというと、法螺話のような、またひどく辛辣な話のような、これまた私の頭脳ではなんとも対応し難いものでしたが、同時に、ある種の痛々しさと、言いようのない寂しさをあとに残すものでもありました。

B君は、私の来談の勧めを丁重に断って、立ち去りました。その後、精神科にも連れて行かれたそうですが、続かなかったようです。数箇月たって、B君が相談所を訪れました。私としては、一日千秋の思いで待ち侘びていたので、千載一遇の好機と思いました。彼の態度はやはり葛藤に満ち、容易に対応できぬものでしたが、ほんの少し打ち解ける感じもありました。話の内容は妄想的な傾向が強く、警戒心も生易しいものではありませんでしたが、それはそれとして、どこか彼らしい雰囲気を私は感じました。打ち解けたのは彼ばかりでなく、私のほうでもあったのでしょう。

その後、何回か面接を続けていたところ、。彼はお茶をおいしそうに飲みながら（当時の私の学生相談では、来談者にお茶を出すこともありました）次のような話をしました、「誰かが自分の食事に以前から変な（気持が悪くなる）クスリを入れていたが、最近それが気持を落ち着かせるクスリになった」と。私は少なからず喜び、このままいけば彼の治療も可能になるかもしれない、と思いました。

ところが、文化祭などをきっかけにしてB君の孤立感・孤独感は深まり、彼の表情に苦悩と困惑の色が濃くなってきました。それは必ずしもネガティブなことではなかったのでしょうが、私の負担が大きくなっていたのは事実です。

重苦しさとみじめさと

そんなある日、B君が『どうしても今日、話をしたい』と言ってきました。日中は空き時間がなかったので、やむをえず夕刻の一時間をとりました。予定の時刻にやって来た彼は、弁当を二つ買って来ており、『食べながら話をしたい』と言いました。なぜか私には、この弁当がひどく重いものに感じられてしまいました。彼の話の内容は、むしろ妄想的な色合いの少ない素直なものでした。「友達が欲しい」「家族の温かさが欲しい」という気持を訥々として語ったように記憶します。ところが聴いている私のほうは、理由もなく重苦しくなり、みじめな気持になってしまうのでした。そして、せっかく彼が買って来てくれた弁当も、まったく有難いとは感じられませんでした。

おそらくこのときは私のほうが異常だったのでしょう。彼のほうは、それまでになく素直でした。私は素直でありませんでした。その日の仕事で疲れていたとか、「相談員は気安く来談者と食事を共にすべからず」といった固定観念があったとか、いろいろと理由はつけられましょう。けれども基本的には、私のほうが馬脚をあらわしたのであり、また、彼の孤独がそれほどまでに激甚なものだったのだといえるでしょう。ただ、私がこのとき無理にでも弁当をおいしそうに食べていればよかった、というようなものでもないでしょう。一時間後に彼が帰ってしばらくしてから、ようやく私は重苦しさとみじめさから立ち直り、我に返って「彼に邪険にしてしまったのではないか」という気持がよぎったのです。この気持こそ妄想（罪責妄想）かもしれませんが、ともかく「私の出したお茶をおいしそうに飲んだ彼にしてみれば、私が彼の弁当を重荷に思い、しかもそのことじたいをうまく伝えられないという事態は、ショックだろう……」という考えは拭えませんでした。

問題は、このような葛藤を体験しつつも私が彼のそのときの気持に目を向けるだけの余裕があったかどうか、ということです。まったくありませんでした。しかしながら、この日を境にして、私にとっての彼の存在がさらに大きくなったのは事実です。

凍結、解凍、そして……

年末に帰省したB君は、実家でそれまでになく熱心に家族・親戚に話しかけたりしました。複雑な家族のなかで、それまでは母親にも背を向けていたとのことですが、その母親を精神的に支えるような動きも開始しました（これらは、のちに私が家族から聞いたことです）。しかし彼のこのような活動は過熱し、やがて、はっきりと〈統合失調症〉的な兆候が出てきたのでした。何日も眠らず、妄想状態に昏迷状態が重なり、家族の最初の喜びは不安に変わりました。途方に暮れた家族は正月明けに、彼を遠路はるばる相談所へ連れて来られました。

久しぶりに会ったB君は、まるで脱け殻のようでした。仮面のような無表情とガラス球のような眼、ときたま浮かぶ空笑い。私の罪責感は頂点に達しました。しかし同時に、なんの反応もない彼ではあっても、少なくとも家族によって相談所へ連れて来られたことには否定的でないように見えました。私が彼の無念を思い、静かにうなずくと、彼も微かにうなずきました。海や山のようなどうにも動かし難いものに対峙しているような被圧倒感・無力感を感じながらも、語りかけると、表情に微かな反応が有る場合と無い場合の差がわかりました。B君の表情は少しずつ大きくなり、やがて顔に血の気がさしてきました。そして何時間か経って、まるで凍結していた人間が解凍するように、彼は元の姿に戻ったのです。何日も眠らず動きまわっていた人とは思えぬほど元気に、彼は話しだしました。まず家族や親戚について。彼の家族に対する関心は非常にまともなものでした。家族がやむをえず適度に封じ込めている事どもを、彼は奇矯な表現ながら、はっきりと問題にしているのでした。

とにかくこの日、B君と（家族とも）過ごした数時間は、まるでひとりの人間がいったん死んでまた生き返るのを見るかのようでした。それは私にとって、殻が破れ、世界の見え方が新しくなるような体験でした。そして、「人間が人間として存在しているところには、莫大なエネルギーが、驚くべき統一性のもとにはたらいている」ということを実感しました。また、「人が人に抱く関心（愛情・恐怖・警戒心など）は、根底的な事柄である」ということも、痛感したのです。

その風変わりな言動にもかかわらず、B君がときおり見せる苦悩と悲しみの表情は、まるで顔に貼りついてしまった仮面のようにも見えました。その風貌は二十歳代の青年というより、六十歳にも達した人のような印象（きわめて主観的ですが）を与えることも多かったし、実際、ある心理臨床の老大家の先生に似ているように見えたのです。（いま私は、彼との出会いにおけるみずからの体験過程を綴ろうとすると、私自身のもっとも弱小で卑小なある部分に触れながら書かざるを得ません。いきおい私の表情は苦悩のそれとなり、苦悶の歯ぎしりをしそうになります。ひょっとするとこの苦しさこそが、「統合失調症の人間学」というものを単なる文学趣味に変えてしまうのを防ぐのかもしれません。）

さて、B君の道はその後も平坦ではありませんでした。私との関係は一段深まったものの、万全とはいい難かったし、苦労してなんとか精神科に紹介しても定着しないのでした。彼はなかなかの「大物」だったようです。キャンパスにおける生活も、山あり谷あり、一進一退で、関係者に困惑や少なからぬ恐怖感を与えたりしていました。家族との関係も容易ではありませんでしたが、数年後に実質的な改善がみられ、それを境に精神科受診が驚くほどスムースになりました。

その数年間は私にとっても大きな試練の時期でした。外的な事実関係は省略しますが、内的には恐ろしくも豊かな経験をしたのは確かです。B君の自由意志と試行錯誤を尊重し見守るなかで、まるで

「虎を野に放つ」（元来はポジティブな意味があるようです）というようなイメージが生じたこともありましたし、翌朝の新聞を見るのが怖いこともありました。また、夜というものがひとつの恐ろしい実体のようなものとして迫って来たこともありました。私自身のこのような体験過程は、彼の妄想的な訴え（家族にも向けられていた）を理解する際に、役立ったと思います。

そのようななかで私は、朝の光の有難さが身にしみるようになっていました。世界の奥行が一段と増したようでもありました。B君の精神衛生は、最悪のときを思えば、奇跡的に改善しました。それは、大学キャンパス関係者の忍耐と彼の家族および親戚の努力の賜物でしょうし、なによりも彼自身の「恐ろしいまでの人間愛」の成果だったといえましょう。（B君の事例は境界例であって統合失調症ではないという見方もあるかもしれません。限りなく統合失調症に近い境界例という見方も可能でしょう。ただ、彼に会った何人もの精神科医が統合失調症と見ていたという事実を書き添えておきます。）

おわりに

B君との面接では、日常的な雰囲気が大きく攪乱され、相談員は慌て、他の相談にまで余波が及びました。そのなかで、そうでなければ見過ごされたような他事例の深刻さが洗い出されたこともあります。つまり、いつもと違う私を見て、ある来談者はなにかしら揺さぶられ、その揺さぶりがその後の面接に影響を与えたようなのです。これは私にとってあまり名誉なことではありません。その影響がポジティブなものであったとしても、いわば怪我の功名に過ぎません。とはいえ、心理臨床を熱心にやっていれば、このようなことは避けられず、要は、その影響をいかにしてネガティブなものからポジティブなものに転化するかが〝臨床の知〟であり〝臨床の技〟だといえるのでしょう。

ところで、〈統合失調症〉であっても、精神科に通院しつつキャンパスに現れて学生相談所にも来る人にとっては、日常生活の安定はもっとも重要なものです。衣食住の日常性からキャンパス生活の日常性まで、いずれも並々ならぬ苦心を払って獲得されるべきものであることを、ゆめゆめ忘れてはなりません。たとえば、いささか疲れ気味で、しかも生来の敏感さと縁が切れないC君を前にして、相談員の私はどうすればよいのでしょうか。C君の疲れやすさに対しては、誰に対してもするように、相応の気遣いをするでしょう。彼の感じやすさに対しても、私は同じように相応の気遣いをするでしょうが、とかく彼の気遣いがこちらの気遣いを上回ってしまうことが多いものです。そんな場合にはこちらとしては、それ以上の気遣いはやめ、相手の好意に甘えるのがよいかもしれません。少なくとも彼は、しばし私と一緒に座っていてみようという好意はもっているのですから。

ただし、だからといって、私がこちらの興味本位で話を引っ張ってよいということにはなりません。その話がいかに「常識的」に聞こえようとも、私がいささかでも勝手に引っ張っていく話には、C君はまったく乗ってきません。この点において〈統合失調症〉的な人は、ひどく厳しいのです。この厳しさは、一見、融通のなさに思われるかもしれませんが、本質的には彼の内面の深い葛藤に根ざしており、容易には変わるものではありません。つまりその葛藤は、A君やB君にも見られた、非日常的な世界に連動した複雑怪奇なものなのです。

そこで相談員は、C君と日常的な会話を交わすにしても、こころのどこかで非日常的な世界の感覚の片鱗を感じてしまう、ということがあり得ます。それはなにか不可知感のような、深淵のイメージのような、空漠感のような、あるいは風化しそうな砂の城のごときイメージです。どうやら、それらをモニター画面のように参考にしながら私が会話に参加すると、双方にとって意義ある時間がつくりだせるようです。つまり、ありふれた会話が大きな意味をもち、生活を豊かにしてくれます。そして、人と人とが、それぞれに差し当たってどうしようもない問題（たとえば病いという）をもちながらも、なお互いに相手を認めあうということが可能になるかもしれません。

本章は「分裂病」〔『キャンパスでの心理臨床』至文堂　一九九二年〕をもとに大幅に筆を入れたうえで構成されたものです。なお、本章に関連して次のような文献があることも記しておきます――拙論「妄想的不安をもつ男子学生の事例」〔『心理臨床学研究』13-4　日本心理臨床学会　一九九六年〕など。

第III部

学生相談の視点と心理臨床

学生相談の視点は、私の心理臨床のなかで重要な役割をもっています。学生相談の機能は、自由な対話の場が大学キャンパスに提供され、学生がそこでみずからの不安をやりくりしながら、自己の可能性に気づき、その可能性を社会的、現実的なものとしていく過程を見守ることです。理論的には、クライエント中心療法が馴染みますが、深層心理学や認知心理学・発達心理学も役に立つ領域です。と同時に、知のあらゆる領域に関する旺盛な好奇心と、時代を共に生きる「同時代的」（コンテンポラリー）な感覚も重要です。

いつの時代にも、その時代に固有の若者論があるようです。かつてのスチューデントアパシー論に始まる、若者の〝ひきこもり〟論は最近も盛んに展開されています。私としては、〝ひきこもり〟の諸相を研究することを通して「現代日本における、ひきこもりの必然性」ということを考えるに至りました。つまり、〝ひきこもり〟は「不適応」ともいえましょうが、同時に一種の「適応」ともいえるような気がするのです。学生相談員としての私は、〝ひきこもり〟の若者と「世間一般」の中間に位置して事態を見ていくことが、結果的には若者の能力を認め、その成長可能性を現実のものにしていく専門技能になると考えています。これは、〝ひきこもり〟を容認するというより、「ひきこもりも楽ではない」という心的現実に感情移入しつつ、コミュニケーションを試みるということです。

スチューデントアパシーも、ボーダーラインパーソナリティも、その世界の内情はじつに複雑であるという認識が、私の学生相談の経験から得られた成果です。これら「マージナル」な若者とつき合うことは、援助者である相談員のありようをも「マージナル」なものにする危険性があるという皮肉な現実を無視することはできません。大きな視野で考えれば、学生相談員や心理臨床家という存在じたいが、そもそも一種「マージナル」な社会的存在ではないかと考えています。

若者の〝ひきこもり〟は、心理学的事象であるだけでなく、一種、社会経済的な事柄でもあります。〝ひきこもり〟の若者は、自己の内に〝ひきこもり〟の心性を保持していると同時に、社会状況に対して〝ひきこもり〟という行動傾向で対応しているともいえます。極言すれば、若者のなかにあるスキゾイド的心性が、「グローバリゼーション」と呼ばれる世界的現象とそれがつくりだしている精神状況に対して隠微に反応しているということもできるでしょう。学生相談員は、学生と対話するためには、広い社会的視野をもつことが求められます。

さらに昨今の傾向としては、〝ひきこもり〟を医学・生理学的視点から見るということもおこなわれているようです。たしかに人間は生物学的存在でもあります。学生相談とは、これら複数の視点を総合的に生かしつつ学生との対話に臨み、コミュニケーションを意義あるものにする試みです。とくに最近は、発達障害がみられる学生が増えてきたといわれますが、学生相談の立場では、「連携」の考え方を保持しながら、社会的・心理的・生理的立場を総合したうえで、援助的対話を目指すことが任務といえるでしょう。

本書では詳しく触れていませんが、私の現在の視点のなかでは、発達障害といわれる学生の場合でも、彼らのスキゾイド的心性のごときものが、その知的「停滞」という現象の大きな要因となります。私は〝人間のこころの全体性〟という仮説に立ち、情緒的な混乱や知的停滞というネガティブな現実は、人間の精神生活の社会的・心理的・生理的諸要因を総合的に考えることではじめて充分に理解できると考えています。

第七章　学生のこころの居場所

第Ⅱ部では、現代の若者との面接のなかに浮き彫りにされた心理療法のエッセンスを抽出しましたが、第Ⅲ部では少し角度を変えて、私の臨床経験で重きを占める〝学生相談〟をめぐって、現代社会を生きる青年たちのこころについて考えてゆきたいと思います。そこでまず本章では、学生相談という設定の特徴について、いくつかの側面から考えてみることにしましょう。

自由な対話の場として

居場所を提供する

学生に居場所を提供するといっても、「学生はすでに在籍を許され、大学の各施設を使用する権利を認められているではないか」という意見があるかもしれません。「そのうえなにを提供する必要があるのか」という疑問もあるでしょう。しかし一部の学生にとっては、せっかくのキャンパスも、そこに自分が安心して居られるという精神的な確からしさがなければ、絵に描いた餅になってしまうのです。こころの置きどころが見つからなければ、なにをする気も起こらないのです。

新入生はまず友人を見つけることが必要となりますが、これがしばしば困難です。そのためにクラスに馴染めないと、授業への出席もあやしくなる場合があります。最悪の場合は下宿などに閉じこもってしまうこともあります。教室であれ図書館その他であれ、なんらかの目的をはっきりもった場所は、学生としての自分に自信がない状態の若者にとっては、居心地のよい場所ではありません。サークルの部室にしても、落ち込みの激しい人にとっては、楽に居られるとはかぎりません。

そんなとき、特定の条件をつけない気楽な雰囲気の学生相談所は、新鮮な場所となるのです。「あぁ、キャンパスのなかにこんな場所もあるんだ」という驚きとうれしさが学生によって感じられたとしたら、そのとき学生相談所はひとつの機能を果たしたといえるでしょう。もちろん、来談する学生がすべて落ち込んでいるとはいえないのですが、「居場所を発見した」という新鮮な喜びは、多くの学生にとって、程度の差こそあれ共通のものではないでしょうか。そしてこの体験が、学生にとってキャンパスを見直すことにつながれば、さらに望ましいでしょう。相談所でつかんだささやかな安心感や落ち着きをもとでに、キャンパスの他の場所（クラスやサークル、食堂や教務課など）に足をのばして、自身の学生生活を開始する（あるいは再開する）ことができればよいのではないでしょうか。

学生によっては、一、二度、相談所を訪れたあと、自分のやり方を試しながら、「また必要になったらあの場所（相談所）に行けばよい」と、キャンパスを歩きながら相談所を横目に見て過ぎる人も少なからず居るようです。そのことからも、カウンセリングなどを中心にした相談機関がキャンパスに設けられているということが決定的に重要だということが明らかでしょう。大学というものを、単に研究者養成機関として考えるのではなく、教育の場、人格形成の場として考える立場からみれば、この点はとくに理解しやすいはずです。

授業中に強い不安に襲われ、ただちに相談所へ来て危うくパニックから逃れ、その後の数年間の継続相談によって学生生活を再建し、卒業時には精神的にもずいぶんとたくましくなった学生の例を、私は何人も知っています。このような例を見るにつけても、キャンパスのなかに、自由度のきわめて高い精神空間、危機のときは守られ安定してきたら試行錯誤が大幅に許されるような場所が存在していることの意義を、痛感します。そして興味深いことには、このように居場所を確保し、それを自由に利用できた学生は、こちらがとくに教えたわけでもないのに、マナーにおいても心遣いにおいても、こちら（相談員）の立場を尊重してくれるようになるのです。それはうれしい驚きでした。

言葉を理解する

大学は研究教育の場といわれます。そこでは専門家である教員がみずからの学問を学生に語り、学生がこれを聴いて理解しようとするのです。逆に教員が学生の言葉に耳を傾けるということは、あったとしてもそれは専門的な研究の枠内に限られるでしょう。それを当然のこととする向きも多いように思われます。しかし教育や人格形成という観点に立てば、大学人は、学生の個人的な言葉にできるだけ条件をつけずに耳を傾けることが望ましいのではないでしょうか。また、それを可能にする大学人も少なくないはずです。そのような観点からすると、学生相談所の特徴は、心理学などを専門的背景にしている場合が多いとはいえ、その目標をより広く、学生の心情や学生生活における具体的な姿に関心をもって話を聴き、対話するところに置こうとするところにあります。

来談学生は多くの場合、人間関係を語り、家族関係を語り、内面を語ります。その言葉は各人各様で、相談員が学生にどれほど精神的に関与して聴けるかによって、その理解度も違ってきます。自己を語り他者を語る言葉をまだあまり分化・発展させていないようにみえる学生も少なくありません。また、表面的に聴くとまだあまり内容のない話のように聞こえてしまうこともあるかもしれません。しかし学生の人生に対する相談員の関与が充分に強ければ、やがて学生の話は意味深いものとして聞こえてきて、相談員の関心も高まるでしょう。初めは稚拙な表現のように聞こえていたが、じつはその学生ならではの貴重な言語表現だったということがわかるときもあります。

文化の違いも大きな作用をもたらします。ある相談員にはわかりにくい話が他の相談員にはわかりやすいということもあり得ます。あるいは、相談員が自身の奥深くに秘めた体験を思い起こす（あるいはその領域と新たに接点をもつ）ことによって、話が急にわかりやすくなるということもあるかもしれません。これはなかなかの精神的労働です。そこでは、なんらかの知識体系によってカバーすることはできないことが多く、みずからの体験と人間性だけが頼りなのです。このような人間的な努力をすることによって、かけがえのない個人的な言葉と物語を理解することができます。それがある程度なしとげられたときには、学生の意識の変化が生ずるのです。彼はいまや独りぼっちではなく、人々とつながりをもち、友人（ないし友人になってくれそうな他の学生）に親しみと安心感を抱くこともできるでしょう。また同時に、家族に対する見方も変化することも可能になってくるでしょう。

これはずいぶん昔の来談学生のことです。D君はかなりの精神的な危機のなかで来談し、周りの人に妄想的ともいえる不信感と警戒心を抱いていました。少し落ち着いた段階で彼が言うには、『自分は運が悪い』と。それを繰り返し言うのでした。私は最初あまりピンと来ず、単に「そんなものかな」と思っていたのですが、やがて、彼の両親が戦争に際してたいへん不運な状況に直面した、という過去の話を聞き、彼の「運が悪い」という言葉の意味と重さをようやく理解したのでした。この言葉と彼の両親の不運な体験のつながりが、彼自身によって意識的に明確には語られていなかったために、私の理解も初め困難だったのですが、いったんそのつながりに気がつくと、それはじつに簡単明瞭なことであり、「なぜこんなことがわからなかったのか」と思われるほどでした。

ただ、こういう経験を積んだ私がその後めざましく理解力が増したかというと、そうでもないようです。一人ひとりの学生にそのつど関与する決意をもってしてはじめて、学生の謎めいた話が、人間的で意味のわかる（そしてこちらのこころを揺り動かす）言葉として聞こえてくるということは、いまでも変わりありません。

体験に意味を見出す

学生の家族における、かつての学校生活における、そして現在の大学生活における、さまざまな体験の意味をつぶさに理解することが、学生相談の仕事の中心です。たとえば「親が嫌いだ」（あるいは「親は頼りになる」）と学生が語るとき、それは簡単に受けとられてしまいがちですが、これはじつは危険なことです。言葉はわかりやすいようでも、その意味するところは本当のところわかり難いことが多いものです。わかったつもりになっては、学生相談の意味がありません。学生の体験のポジの側面にもネガの側面にも「意味」を見出すということは、さまざまに語られるひとりの青年の人生全体（および現在の生活全体）をとらえ、その重さを受けとめることになります。そこにひとりの人間が生きていた（あるいは、いま生きている）ということを、相談員が体感をともなって感じとることです。それは骨の折れる仕事であり、同時に手応えのある、しばしば報われる仕事でもあります。

先のD君から、彼の両親のそれぞれの青春時代における不運な戦争体験を聴いて、私はまず、理解することの難しさと意義深さを痛感したのでしたが、次に私には、彼の両親の体験の重さがひしひしと伝わってきました。そして、その両親の長男として生まれたD君が現在いろいろ試みている生活のさまざまなかたちが、風変わりながらもそれなりに意味のあるものとして感じられてきたのです。それまでは断片としておぼろげに理解していた彼の言動の特徴も、私のなかでひとりの人間のごく自然な振舞いとして収まってきて、すると、一見、傍若無人とも見えた彼の振舞いも、どこか愛嬌のある元気な少年のようなものとして見えてきたのでした。

私はD君と知り合うなかで、初めは戸惑い、なんとか自分でもちこたえ、やがて少しずつ彼の言葉を理解しながら、彼の気持に触れてゆきました。そのことによって私のなかに、「彼との相談関係をなんとか遣り繰りしよう」という姿勢から一歩進んで、その関係のなかに意味のあるものを実感し、彼と過ごす時間にも価値を直観するようになったのです。一言でいえば、学生の体験に意味を見出すとは、その人をひとりの人間として尊重することです。学生であるとか研究者であるとか、優等生であるとか落ちこぼれであるとか、そうしたことからいったん離れ、その人がいままで生きてきて、いまもいろいろ独自性を発揮しながら生活している、そのことじたいを祝福することです。

ところでD君は、妄想的で傍目には傍若無人にも見えていましたが、やがてなんとか研究室にも馴染み、名物男のような存在として彼なりに適応していきました。卒業まえに自動車の教習所に通い、そこで交通法規の授業を受けたことで「社会のルールがわかった」という体験をしたといいます。その頃には、妄想的な気分はなくなり、そのかわりにか、独りでいるときの寂しい気持をしばしば語るようになりました。これはかつてはなかったことです。寂しい気持を感じる体験は、人とのこころのつながりを感じ始めたということにように、私には感じられました。やがて卒業の時が来て、D君は私に丁寧なお礼の言葉を述べてくれました。私のささやかなお手伝いの意味を感じとってくれたのでしょうか。

互いに学びあう場をつくりだす

学生の言葉を理解し、存在全体をあるがままに認めて、援助することをとおして、相談員の側もおおいに学ぶことができます。それは、専門家としての理論を実証するというようなことではなく、むしろ、ひとりの大学人、ひとりの人間としてみずからを見直し、豊かになることです。

かのD君は、対話をとおして私にさまざまなインパクトを与えてくれました。彼の両親の不運な体験の話は、消え難い感銘を残し、いまも続いています。またあるとき、彼が私に対して『性善説だけれど、それでは世間を渡れない』と言ったことがあります。当時、彼はまだ他人に対する不信の気持が強く、そのことの関連でいえば、少なくとも彼は、私にはあまり警戒心を抱かなかったということとも受けとれますが、それだけではなく、彼は私の「甘さ」のようなものに感づき、それを指摘していたようにも、いまは思われるのです。彼の言葉のネガティブな意味あいとはうらはらに、彼こそ、私とのあいだに真に安心できる関係をつくることを目指していたようにも感じられました。ともかく彼の言葉は、私のなかに、不思議な作用をいまも及ぼし続けています。それは、私のお手伝いに対する彼のお返しとも見ることができるでしょう。

D君の話をとおして私に突きつけられたのは、当時の私がまだ充分には直面できていなかった、ある種の「厳しさ」だったのでしょう。もちろん彼は、私を鍛えるべく相談所を訪れたわけではなく、自身の不安から来談したのは間違いありません。けれども、両者が相互に関わりあうなかでお互いが助けあうような結果になったのは、興味深いことです。

専門教育という観点では、教官は、学生の能力が高く新しい発想が伝わってくるときに、学生から学ぶということになるのでしょう。しかし人間形成・人間教育という観点に立てば、事情は異なってくるのではないでしょうか。学生相談の関係のなかでは、どの学生もみずからを語り、自由な対話のなかで相手にはたらきかけることができるのです。本人は、当面の問題を抱えて困っているという意味では、援助を求め、安全の保証を求めているという事情があるとしても、それがすべてではないのです。自由な対話というものは必ずそこに「両者の平等」という契機を含むため、一方的な援助関係で終始することはあり得ません。また、世代の差ということは、単に年長の側が年少の側を教え導くということのみを生み出すのではなく、反対に、若年ゆえの優れた感受性・予見性というものも無視できないのではないでしょうか。大学教育全般に本来あるはずのこのような「自由な対話」の特質は、私としては今日、学生相談のなかで比較的発見されやすいと思われます。そうだとすれば、人間形成や自由な対話という大学教育の理想からいっても、学生相談の担う役割はいよいよ大きく、そのさまざまな機能もまた、大学教育を考える際に少なからぬ参考となり得るかもしれません。

心理臨床としての学生相談

学生相談における援助は、基本的に、来談学生と相談員の対話というかたちをとっておこなわれます。対話とは、いうまでもないことですが、青年期における精神的成長という課題にとってきわめて重要なことです。本来は大学教育のもろもろの営みが対話というかたちをとっておこなわれるのが理想なのでしょうが、現実にはそれは難しい面があります。また、学生の側にたとえば対人恐怖といった神経症的な傾向があったりする場合には、さらに教育の状況は困難となります。そのような学生は、自分の所属する大学という場に関心をもちつつも、具体的に自分の居場所および対人的な場を大学キャンパスのなかにもつことができないのです。

このような学生が、大学の学生相談所を利用しようと思い立ち、実際に利用を開始したとしたら、その意義は大きいでしょう。このような場合、学生の来談の「意志」と「行為」じたいに深い意味が見出されるのです。もちろんそれは、その学生がただ来談していればよいとか、相談員が漫然と面接していればよいということではなく、むしろその反対です。相談員の仕事とは、精密な態度と、少しばかり重厚な（表面的には軽妙に見えるほうがよいのですが）関与なのです。そのうえで自然な会話（ないし休憩となり得る幾ばくかの沈黙）が成立すれば、その相談員は、なかなかに有能な心理臨床家だということができるでしょう。このような「会話の場」じたいが、来談学生の体験過程を、自己治癒的・自己実現的な性質をもったものとするでしょう。このことは、学生の問題ないし状態が〝ひきこもり〟や精神病圏のものであっても、基本的に変わりありません。

いうまでもなく学生相談の場は、大学の教育課程の場である教室よりもはるかに制約が少ない、自由な場です。学生個人の精神的成長、情緒的問題の解決のためには、このような自由な精神的空間と、そこでのコミュニケーションがどうしても必要なのです。また、来談学生が神経症的な「束縛」や精神病的な「絶望」のなかにいるときには、このコミュニケーションを援助的なものにするためには、相談員の側には〝心的相互作用〟（無意識的相互作用を含む）に関する深い理解がなくてはいけません。逆にいえば、そのような理解が相談員にあり、そのおかげで来談学生がある程度安全で自由で居られる場合には、先に述べたような良き「自然な会話」が成立し、それが来談学生の「救い」ともなり、また生活を「豊か」にもするのです。

「話すことじたいに意味がある」ような学生相談的対話の特質は、あらゆる心理臨床の分野に共通なものかもしれません。少なくとも、ある大学に所属するひとりの学生が、誰かと話したくなり、たまたま（あるいは考えあぐねた末に）キャンパスにある学生相談所を訪れる、ということから始まる対話の過程が、その学生の精神的成長を促し精神的苦痛を救うということは、おおいにあり得ます。では、そのような対話の相手を引き受けるためには、相談員はどのような態度をとればよいのでしょうか。援助的な対話を成立させるために相談員が果たすべき役割はどういうものでしょうか。

援助的な対話の場

女子学生のEさんは、授業にはなんとか出ているものの「時にどうしようもなく落ち込んで、なにもかもいやになってしまう」ということで来談しました。話を聴くと、Eさんの精神的状態はきわめて不安定なバランスの上に成り立っており、聴いている私のほうがハラハラさせられるような性質のものでした。とくに母親の関係はかなり独特で、その関係の不安定さは、彼女の不安定な精神状態の背景とも原因のようでもありました。彼女は、心理相談員である私を驚かせ、また少なからず感心をさせるような、危なげな話をし、私は私で『それは大変ですね』というような応答をしつつ、何回かの面接がおこなわれました。ある意味で私は、この危うくも魅力的な女子学生に気を引かれ、〈青年期境界例〉と思しきクライエントに「深入り」しそうになる自分をも少しく感じていました。

この「深入り」とは、いわば「危なげ」なEさんの知的・感性的な魅力に私が自分の興味で「ひとりよがり」に入り込んでいくことです。そして、これをすれば一時的には、いかにも意味のあるコミュニケーションのように思われたかもしれません。しかしその先は見えています。彼女はそこから多くを学ばず、やがて失望や混乱を見出したでしょう。実際に私がしようとしたのは、そういうことではありませんでした。私は、彼女の入り組んだ話には最大限の注意力と理解力をもって耳を傾けました。けれども私の応答的態度は、いわば「呑気な父さん」的な常識的なものであり、『大変ですね』『そういうこともあるんですね』というような、あまり面白味のないものだったのです。それでも彼女は来談し続けました。もしかすると私の「呑気な父さん」風の応答は、いわば「何でもござれ」の彼女の人生の物語に欠けている、数少ない要素だったのかもしれません。

ある回の面接の予約日にEさんから電話があり、「風邪で熱があるので面接を休みたい」とのことでした。私は快く了解し、「お大事に」と彼女に伝えました。その後、彼女からは連絡がありませんでした。その後の彼女に対する気持は、文字どおり「お大事に」ということであり、彼女の大変な内的世界や生活状況を思い出すにつけても、その気持はますます迫真性を帯びたものです。

さて、一年ほどの音沙汰ない期間のあとに、Eさんはある日またやって来ました。一年まえと同じく、やはり個性的な彼女でしたが、変わったところといえば、以前よりもかなり落ち着き、そして少し大人になった感じがするところでした。彼女が言うには、この一年間ときどきまた相談に行こうかとも思いながら、「行こうと思えばすぐ行ける」と思いつつ、いろいろやってきた、とのことです。学生生活への意欲は安定しており、その変化は、この一年間ずっと面接を続けた結果として得られたなら喜ばしいと思えたようなものだともいえます。

この事例は特殊なものでありながら（あるいはそれゆえに）、学生相談という心理臨床活動の特性を鮮やかに示しています。知性と感性に豊かなものをもちながらも、人格構造の根底に不安定な要因を抱えているEさんにとっては、キャンパスにある相談所が、文字どおり「こころの居場所」となっていたのではないでしょうか。また、そのような居場所のある大学キャンパスそのものも、彼女の不安定なこころを受け容れるひと回り大きな器として、彼女のこころを育んできたのかもしれません。いずれにしても、このような事例に出会うと相談員は、大学キャンパスに相談の場があることじたいに大きな意味があり、また、相談員が来談学生に会う意欲をもってそこに居るということじたいが意味のある、一種文化的・教育的な事柄であるともいいたくなります。

いいかえれば、学生相談の援助的機能は、不安定なこころをもつ学生に「こころの居場所」を提供することです。そして、その居場所を提供する人間としての相談員は、学生のこころの不安の性質をよくわきまえていなければなりません。神経症レベルの不安から、精神病レベルの不安まで、危険な状況に対してもある程度のゆとりをもって対応できるだけのキャパシティが求められるのです。たとえば、精神病圏の学生が、少し状態がよくなり大学内ないし大学の外の精神科に通いつつ、会話の場および居場所を求めて学生相談所にも来談するということは、よくあることです。そのような事態に適切に対応するためには、学生相談員の心理臨床家としての専門技能が充分になければいけません。またそうであれば、精神医療や大学の関係者との連携もゆとりをもっておこなうことができるのです。そして状況に応じて、積極的にサイコセラピーを引き受けることもできるし、ある種のマネジメントないし側面援助（サポート）を担当することもできるのです。つまり、そうした際の柔軟な判断と機敏な行動を可能にするものこそ、心理臨床家としての学生相談員の専門性の高さなのです。

学生相談における「見立て」

学生相談の援助的機能は、同じキャンパスでの生活を共有する者どうしの「素朴な対話と人間関係」によってもたらされます。神経症から精神病にいたるまで、不安を抱えるさまざまな学生への対応も、このような基本的なところからおこなわれることが、安全であり効果的なのです。

それでは、青年期の不安をかかえる来談学生への援助を、このような基本的なところで支えることを可能ならしめる要因は何でしょうか。私はここで〝見立て〟ということを、もっとも重要な要因として挙げたいと思います。ここでいう見立てとは、来談学生の不安の性質とその背景について、すばやく感じとり読みとる相談員の側の心的作業のことです。学生相談における素朴な対話を安全かつ援助的および成長促進的なものとするのは、相談員の洗練された認識能力なのです。

Eさんの不安の性質を例にとると、この不安ははなはだ深く、取り扱いを誤まれば容易に本人や周囲を混乱させる危うさを含むものでした。彼女の話には、危うさのなかにも人を惹きつける魅力のようなものがあり、それに対して相談員は、惹きつけられず突き離さずのスタンスで耳を傾けていたといえましょう。《中立》的でもあり《共感》的でもあるということです。彼女の話の内容には「病的」ともいえるものがあり、また青年期特有の一種ハラハラさせるような「みずみずしさ」もそなえていたのです。なぜ病的かというと、対人関係のパターンに自他を困難に追い込む性質が窺われ、イメージとしても陰鬱なものを引き出すようなものであったからです。このような「難しさ」や「暗さ」は、彼女がいかに魅力的に見えるときにも、相談員としては忘れてはならないところでした。

慎重でしかも臆病な心理臨床家は、容易にこの事例を〈青年期境界例〉として片づけてしまったり、あるいは大騒ぎするかもしれません。それも無理からぬものがあるでしょう。しかし、それだけでは学生相談としては物足りません。少なくともこのときの私は、彼女の対人パターンと不安の性質を、性急に断定せず見きわめていこうとしました。「見きわめていく」というのは、ひとつのアプローチであり、彼女の不安に耳を傾ける相談員の側に起こる胸苦しさなどをほどほどに感じながら、彼女の姿を視野に収めていく努力のことです。このような努力のなかでは、彼女の「病的」な感じと、若さゆえの「みずみずしさ」は、いちおう区別できるものでありながら、同時にやはりつながっているものでもあることが無理なく認識されます。このように「青年期における危機と創造性」ともいうべきこのような事態の両面性を、認めることが、学生相談における困難な事例に対応することを可能にさせる〝見立て〟の作業ではないでしょうか。この作業は、相手の不安に関わりつつも怖気づかず、相手の絶望から眼をそらさないと同時に希望のかけらをも見落とさない、という骨の折れる作業です。つまり、大変な注意深さが要求されることなのです。

日本語には、相手を「立てる」という言い方があります。私はこのニュアンスは〝見立て〟にも通ずるのではないか（あるいはそうあってほしい）と思います。つまり、相手を「立てる」ということは、相手を「つぶす」のでも「断ずる」のでもないのです。もちろん、無理に相手を立てることで自分が無くなってしまっては元も子もないのですが、相手を立てることができたうえで、自分も自分なりにそこに居られるというのが望ましいのではないでしょうか。これができれば、来談学生と相談員がお互いの「立場」を尊重して対話を深め、味わうということが可能になるのだと思います。

このような関係は、心理臨床のあらゆる分野での理想なのですが、クライエントとセラピストがキャンパスという生活空間を共有する学生相談においてはとくに意義深いことだといえるでしょう。学生相談員は、学生を精神的に厚遇できれば良い仕事ができたということになるでしょうが、それが「甘やかし」であってはいけないのはいうまでもなく、そのためにはやはり、学生の「絶望」と「希望」をふたつながらに視野に収めるという厳しい認識作業が必須となるのです。

危機対応と成長促進

学生相談が〝危機対応〟で始まることは少なくありません。ただ、その危機の程度はさまざまなので、軽い程度ならこの言葉はものものしすぎるかもしれません。しかし青年期の「自立」という課題との関連で考えれば、来談学生のかなりの部分がなんらかの「危機」の体験（ないしはその予感）を対話のテーマとしてもっていることは否定できない（あるいは否定しないほうがよい）と思います。

下宿生活や単位履修のささやかなことから、対人関係や進路決定に関する重大なことまで、学生は時に不安のなかで自分の問題として考えていかなければなりません。青年期における強さと弱さのアンバランスということについて、相談員は冷静な眼をもつ必要があります。なんらかの「危機」的状況に学生自身が無自覚な場合には、相談員や大学関係者によるその学生への援助は「補導」というニュアンスを帯びるかもしれません（もちろん、自主来談を原則とする今日の学生相談においては、この言葉が当てはまるような事態はまったくの例外であるのはいうまでもありませんが）。

青年期の「危機的」性質についての適度な興味関心と深い理解をもつことは、学生相談員にとって絶対に必要な条件ではないでしょうか。この理解がないと、「学生相談とは年限つきの時間的条件のもとでの薄味の心理療法」という安直な認識が生じかねません。つまり、青年期の危機についての浅い認識は、学生の不安の深刻さを見逃してしまうかもしれないのです。また、学生の深い不安が表出されることを恐れるあまり相談員の腰が引けてしまう場合にも、反対に、深い不安の表出に相談員が引き寄せられてしまう場合にも、学生相談では望ましい〝危機対応〟はおこなわれ得ません。

望ましいのは、相談員が学生の不安をできるだけ深く理解したうえで、その学生が自覚する問題ないし課題について、大学キャンパスのなかの貴重な「居場所」としての学生相談の意義を確かめあいながら、両者が落ち着いて話しあえることでしょう。たとえば、学生の不安の表出によって相談員の側の「治療」意欲が高まったり低まったりすることなく、そこそこに学生を相手にできるようなスタンスが望ましく、そのためには、相談員の側に学生の不安を根底から支える重厚さがなければなりません。ただしそれは、両者の会話が重くなるということでは必ずしもありません。会話のスタイルは自然なのが一番でしょう。その自然さじたいが、危機的状態にある学生にとってもっとも援助的となり得るのです。つまり、個々の相談員がその人なりに、苦闘する学生との対話に関わり工夫する過程じたいが、援助的・創造的なものとなりうるのであって、そこに文字どおり相談員の人となりが生きてくるのです。

　このような学生相談の特質は、教育ということが本来もっている性質に近いものかもしれません。〝危機対応〟という、両者にとって大変な仕事も、その結果として学生の精神的成長をもたらしうるのです。あるいは少なくとも、成長の可能性ないし必要性を示唆することにはなるでしょう。ここにも学生相談の役割はあり、学生相談の教育的意味が語られるゆえんです。

　個々の学生には、驚くべき弱さが見られることもあれば、また意外な強さが発見されることもあります。学生個人の対人関係や内的世界をきめ細かく見守るということは、今日の大学教育において期待しやすいとはいえませんが、そのことの必要性は現代教育の文化的課題としては簡単にあきらめ切れない大問題ではないでしょうか。少なくとも学生相談は、条件がそろえば、ささやかながら個々の学生の多面的な精神的成長をゆっくり見守ることができるという立場にあり、いわば現代教育の現状を補償する可能性を秘めているのです。大学教育において人間教育という言葉が、情報化・国際化といった言葉に比べて影が薄くなっている感が否めない今日、学生相談における「個々の学生の成長のための対話」という素朴な作業の意義は小さくありません。学生相談という心理臨床の場を、このような文化的視点から大きくとらえたうえで、個々の学生の話に耳を傾けることは、相談員という心理臨床家の視野を広げてくれる体験ともなるのではないでしょうか。

おわりに

本章では、おもに個人面接を想定して、学生相談の心理臨床としての特質と可能性について考えてみました。このようなことは、学生相談の場でおこなわれるグループアプローチや、さらにセミナー形式でおこなわれるキャンパス内の教育的コミュニケーションにも当てはまるでしょう。つまりその要《かなめ》は、学生と大学関係者の対話の創造性ということにあり、その条件としての「青年期の心性」と「現代社会」に関する理解力にあります。理想的な条件のもとでは、学生と相談員が同時代人として現代社会の文化的状況に深く関わることもあり得るし、また、学生相談が現代教育を「補償」するだけでなく、少なくとも理念的には今日の大学教育をめぐる論議のなかで時に「主導」的な役割を果たすこともあるかもしれません。

本章は「学生相談の機能」〔『東京大学学生相談所紀要』5 一九九三年〕および「学生の厚生補導としての学生相談」〔『学生相談と心理臨床』培風館 一九九八年〕をもとに大幅に筆を入れたうえで構成されたものです。なお、本章に関連して次のような文献があることも記しておきます――拙論「教育(大学)におけるカウンセリングの実際」〔『カウンセリングの実習』北樹出版 一九九八年〕・「学業と研究に関する相談」〔『学生のための心理相談』培風館 二〇〇一年〕など。

第八章　若者のこころとの対話

前章では、学生相談という対話・臨床の場について、その核となる考え方を見てみました。そこで次に、その対話・臨床のなかから浮かび上がってくる「現代若者のこころ」を、現代社会一般の視点からも俯瞰しておきたいと思います。

感じやすさを感じとる

いわゆる「若者論」というものはいつの時代にも展開されてきました。そして、いつの時代にも似たような議論になっていたとも思われますし、また同時に、その時代によってさまざまな若者論が語られてきたともいえそうです。そして、年長者が年少者を論じる場合には、多かれ少なかれ自分自身の青年時代を下敷きにして後輩を見ることになりますから、認識に偏りとステレオタイプが生じやすいことは否めません。その偏りじたいが、その意見の持ち主の考え方と時代の特徴をあらわしているということまで考えれば、その時代その時代の「若者論」にもそれなりの意味があるということになるかもしれません。

理想をいえば、「若者」を論じる世代と論じられる側の世代が自由な対話をすることができると良いのでしょうが、現実にはなかなか難しいようです。年長者の若者論は一種のボヤキのようなものとなり、若者は若者でイライラしながら大人に何を言われるか気にしている、というようなことになりがちです。それでもお互いの存在を意識しているということも、やむをえないのかもしれません。人間関係というものは、重要なものであるほど双方の意識過剰に影響されるものですから。

私は大学の学生相談室に長く勤め、私なりの現代学生の性質のようなものに関するイメージをもっているかもしれません。しかしそれは、あくまでも一般論であり、一人ひとりの学生を正しく認識するための「仮説」にすぎません。一般論というものはしばしば偏見のようなものになりやすく、仮説は検証しなければ意味をもちません。それを検証するために、私はまた学生との人間関係をもつ必要があるわけです。

学生相談とは文字どおり、学生と話をすることです。学生相談は、自主来談を原則にしています。学生が自分自身の問題として感じ、なにかしら考えていることを、相談員である私は相手のペースを尊重しながら聴いていきます。これができると、私は相手の学生の考えや気持が理解でき、相手は相手で、自分自身のことをゆとりをもって考え理解していくことができるようです。このような仕事を続けるうちに私は、多くの学生が自分の問題を解決する能力をもっていることを知り、そしてその能力を活かして実際に解決していく姿を見てきました。それは、その学生の精神的成長のプロセスでもあります。

そのプロセスにつきあうことで、私自身も多くのことを学びました。このような私自身の体験をもとにして、以下に、私が考える現代の学生の思考と行動の特徴について述べてみます。厳密にいえばこれは、私の思い入れ、思い込みであるかもしれませんが、これを語ることによって、なにか予期しないかたちで、なんらかのフィードバックがあるかもしれません。なぜなら、人間的真理は常に対話のなかにあるものですから。

私は仕事柄、大学関係者の方々から「最近の学生はどうですか?」というような質問を受けることがときどきあります。これは、学生相談という仕事に関心をもってくださったありがたい質問ですから、私も真面目に答えようとします。しかし、あまり細かいことを言うとかえってわかりにくくなってしまうかと考え、多くの場合、次のように答えることにしています。つまり、最近の学生は、良かれ悪しかれ「こころが繊細になっているのではないか」という仮説を語るわけです。「感じやすくなった、優しくなった、傷つきやすくなった」といってもいいでしょう。あるいは「頭が精密になった」といってもよいかもしれません。

感じやすくなったというのは、生活環境の変化によるものでしょうが、場合によっては「ひ弱」になったとか「幼く」なったとも見られるようです。しかし教育関係者としては、単に彼らを弱い人間として見ているだけでは対策が出てきません。〝感じやすさ〟は一種のこころのエネルギーの在り方でもあることが了解できれば、彼らとのつきあい方も考えられるかもしれません。

私は最近の学生のこころとのコミュニケーションを、パソコンのような最新の電子機器の取扱いに喩えることがあります。つまり、冷静で理解あるキーボード操作の如き作業が必要だということです。昔の白黒テレビの頃なら、映りが悪いときには、こちらがイライラの感情を交えて、しかもある種の勘にもとづき、「ドスン」と叩くことによって映りを良くすることもできたものです。実際、これに似た対応が昔の（真空管のような牧歌的なところを残していた）学生に対しては有効な時もあったようです。けれども最近の若者には、この「ドスン」はあまり効果的ではありません。彼らの〝感じやすさ〟に由来するコミュニケーションの難しさに対しては、あくまで大人らしく現実的に対応するよりないわけです。具体的には、彼らの語る「ことば」の特徴をつかんで、それに噛みあうような応答をする工夫が必要になります。また、言葉にならないメッセージとしての「表情」や「沈黙」の意味をも理解できれば、対応がいっそう有効になるでしょう。

そして、信頼感のあるところでは、若者の〝感じやすさ〟はこころの豊かさとしてこちらに感じられてくることが少なくありません。あるいはこれを「異文化間の交流」のようなものだともいえるでしょう。ひところ若者に関して新人類などという言葉が流行ったのは、このような事情からだったのかもしれません。お互いの違いを認めあって丁寧につきあうこと、親しきなかにも礼儀がありながらしかも相手に迎合しないこと、それが肝要だということになります。

それでは、「最近の学生は優しくなった」ということに関してはどうでしょうか。私の見るところでは、たしかに優しい学生も目立ちます。しかし一方で、「あまり人に深く関わろうとしない、さめた学生が増えている」という報告も耳にします。この問題に関しては、私もあまり自信がありません。ただいえるのは、「優しい」も「さめている」も、その奥にある〝感じやすさ〟がもたらしたものかもしれないということです。人間は、人間関係のなかで非常に多くのことを感じてしまったら、関係に対して慎重になるのではないでしょうか。

ひとつ上の世代は、このことに関してむしろ鈍感なのかもしれませんし、そこから新世代に対して「優しい」とか「さめている」とかいっても、どちらもはなはだ一面的な見方だということになるでしょう。ものごとが複雑な場合、善悪の判断は容易なことではありません。たしかに一九八〇年代に入ってからの社会の情勢では、なにが善でなにが悪であるかということが判然としなくなっているようにも思われます。真実を見極めようとする人にとっては、気軽に発言することじたいが容易ではなくなっているのかもしれません。とすると、思春期の一部の若者が大人との会話で発する「べつに……」という言葉は、じつは意外に懐《ふところ》の深い言葉なのかもしれないのです。

私が言いたいのは、旧世代と新世代のどちらかが優れているとかいうことではありません。いわば、旧世代は自信があるようでも現実に気づいておらず、新世代は現実の絶望的なことにじかに触れている（おそらく無意識に）ためもあって自信がない、ということかもしれません。もちろん旧世代は、社会に対して責任ある立場にあり、新世代に対しても教育・指導する可能性を残しています。悲観的な態度は創造的ではありません。では、どうすればよいのでしょうか。

その答えを一言でいえば「相互理解」ということになるでしょう。信頼感を基礎にした相互理解のための努力の積み重ねです。その際に重要なのは、白黒テレビを「ドスン」と叩くことではなく、相手のコミュニケーションのパターンを理解するための手探りのプロセスです。それには時間的・精神的な余裕がなによりも求められるでしょう。双方にとって苦しいこの作業をあきらめず継続していくことの意味を確信して若者に呼びかけていくのが、年長者の役割であるというべきかもしれません。

幸い現代の若者も、年長者のこのような辛抱強さを感じとる力は充分にもっているようです。ただ、彼ら自身のこれからの人生の見通しがあまり明るくない（無意識に感じていることが多い）ので、相手への態度もなかなか厳しいときがあるようですが、相手の苦しさがわからないわけではないようです。たとえば「不登校」の子どもにしても、自分のせいで親が困っていることはわかっているのです。ただ、無理に学校に行ったとしてもその先でまた同じような困難が待ち構えていることを、薄うす感じているのでしょう。そのような子どもの不安の性質をはっきりと感じとりつつ、なお冷静に会話できる大人の存在は、なによりも力強いものになるでしょう。

大学生にとっても事態は同様です。一人ひとりの学生の、「自信」のあるところ／ないところ、こころの「繊細」なところ／「冷静」なところ、頭の「精密」なところ／「空白」なところ、などなどを現実的におさえている教育関係者は、個々の学生にとって落ち着ける会話の場を提供できることでしょう。学生は自分に関係する人物をよく見ているものです。彼らの観察眼は実に鋭い。いわゆる「傷つきやすい」学生はとくにそうではないでしょうか。そのような学生の視線にさらされたりすると、こちらもなにかしら痛みを感じたりします。私の経験では、こういうときに学生を説得しようとしても効果的でないことが多いようです。むしろ、その学生ならではの感受性を認めるかたちでしばらく会話していると、雰囲気も自然なものに変わっていくようです。そうなるとなぜか、こちらの意見も言いやすくなり、また実際に相手に通じたりするのが不思議です。

不安に揺れるバランス

現代の学生のこころは一般的に繊細で傷つきやすいけれども、それがまた能力の一面でもあり、彼らの「不安」と「可能性」の両面を見ていくことが対話のツボであるということを述べました。

彼らのこころのこのような特性は、やはり時代の要請に合ったものなのかもしれません。「情報化社会」といわれる現代においては、子どもたちの生活環境に「ありのままの自然」や「何気なく居られる場所」というようなものが少なくなっています。現代の複雑な社会的背景のなかで、子どもたちは常に変化にさらされ、こころの奥底で先々のことについて気にしていなければなりません。このような環境が、現代の学生のこころを繊細なものしているのではないでしょうか。

たとえば三、四十年前までは、都市環境のなかにも子どもが遊べる「原っぱ」がたくさんありました。それが子どもの遊びの環境として理想的なものであったかはともかく、子どもたちはそこで思い思いに工夫を凝らして遊んでいたのではないかと思われます。そのような場所では、いわゆる「創造的破壊」といえるような乱暴な試行錯誤の遊びも可能だったかもしれません。そのような遊びは、危険性もあるでしょうが、同時に、自分自身を試すような試練の場にもなり得るわけです。良くいえば、自分で自分の道を拓くような蛮勇ないし度胸だめしの場になり得るのです。けっして豊かとはいえない時代のまさに貧しい環境が、子どもたちの「自分を生かす」能力を育てた面があるかもしれません。

このような環境（物理的環境だけではなく、文化的環境という意味でも）に育った若者に対しては、前節で挙げた「映りの悪い白黒テレビをドスンと叩く」ようなショック療法も、時に効果があったかもしれません。心理学的にいっても、ある学習が効果的におこなわれるかは、それまでにどのような学習がおこなわれているかに大きく影響されるわけです。しかしこのようなショック療法は、それまでに羽目を外して自由に遊べる環境に育ち、心身両面で自分というものを伸び伸びと培うことができた若者ならともかく、家庭環境・地域環境・学校環境の影響でいつもなにかしら周りの様子に気を遣う子ども時代を過ごした若者には、まったく逆効果です。そのような若者は、いわば蛮勇を奮って自分を試したことがないので、旧世代に馴染みのショック療法にはピンとくるものがなく、「馬鹿みたい」

としか感じられないかもしれません。あるいはせいぜい、悪意でないことはわかるけれど有難迷惑ということになりかねません。

しかし旧世代は、ここで新世代に迎合する必要はありません。旧世代には旧世代の貴重な体験があり、新世代には新時代を生きるにふさわしい柔らかい感受性があるからです。この両者に橋を架けるのは、真の相互理解のための気長な努力です。旧世代は、自身の体験に自信をもったほうがよいでしょう。そしてそれを新世代に正しく伝える方法を開発すべきです。まず、みずからの人生の体験の意味を掘り下げ、相手に応じた表現で語りかける能力が求められます。尋ねられたら丁寧に説明するという昔ながらの知恵には、普遍的な価値があります。同時に、若者の「不安」とその奥にある「感受性」「可能性」に対して囚われない関心をもつ必要があるでしょう。

平たくいうと、若者は、表面的にはともかく、こころの底ではやる気があり、それでいて自信がないのです。貧じい環境でも蛮勇をもって道を切り拓く度胸をもちきれないのです。それでも新世代は、自分たちが時代を担っていかなければならないということを、こころの底では知っているのかもしれません。それでまた不安にもなるのではないでしょうか。とても優しい若者もいるし、また一見さめた若者もいますが、どちらのこころも、深いところでは似ているような気がします。表に出す反応は対照的ですが、その「不安」は根底ではひとつではないかと思われます。

ひと頃、「キレる子どもたち」ということが報道されました。このような表現も、その子なりの危機感の訴えである可能性があります。蛮勇にもなりきれない「凶暴」な行動と見られやすいのですが、対応には冷静な理解が必要です。

また数年まえにはショックなニュースが報じられました。二十八歳の男が旅客機を乗っ取り、自分に操縦させろと機長を包丁で脅したというのです。機長は男をなだめつつ最善の努力をしたのですが、操縦をその男に任せるわけにはいかず、怒り狂った犯人はついに機長を殺してしまいました。幸い旅客機は墜落せず乗客の安全は守られたのですが、機長の死は大きな悲劇であり、そのため犯人の「凶暴さ」と「異常さ」が強く印象づけられた事件となりました。

このような事件では、多くの場合なんらかの精神疾患が疑われ、精神医学的な病気があって異常な行動はそこから派生したものであると見ることが基本のようです。けれども、それを前提にしつつも、若者のこのような行動は、それが極端なものであればあるほど、現代の若者のこころの一面を鮮烈に表現しているかもしれないとも考えられます。仮説に仮説を重ねることになるかもしれませんが、旧世代の抱く危機感と新世代の危機感との関連を見出すべく、この事件の心理学的な特徴にアプローチしてみましょう。

犯人の目的は「自分で旅客機を操縦してみたい」ということでした。お金の要求や政治的なアピールはなかったのです。犯人はそもそも、航空会社に就職したかったのに果たせず、それでも飛行機に関心をもち続け、飛行機のゲームをしたり、航空会社に手紙を出したりしていたということです。この「思い入れ」の強さは異常なまでに極端ということになるかもしれませんが、その知識じたいはまとものであったということからすると、大人（たとえば学術研究者など）に見られる自分の関心の対象に向ける「思い入れ」とそれほど違わないようにも思われます。これは、現代の若者のタイプのひとつに数えることができるでしょう。オタクと呼ばれるような「引きこもり」と「没頭」の生活パターンは、若者が現代社会に抱く危機感と深いつながりがあるようです。

しかしそのような若者は、ふつうは自分の特殊な世界に閉じこもり、そこを外の世界と区別して使い分けています。つまり彼らは、現実の人間の世界に関心をもちつつも、慎重に生《なま》の触れあいを避けることによって、共存を計っているともいえるわけです。これと比較すると、例の犯人は、ふたつの世界を区別して共存するというやり方を棄てて、犯行に走りました。これは蛮勇と呼ぶにはあまりに悲劇的であり「破滅」的な行動となります。

おそらく彼のなかでは、自分の独自の世界がいわばジリ貧となり、どんな犠牲を払ってでも事態を一新する必要に迫られたのでしょう。これはいわば前向きな行動だけに、押し止めるのは難しいようです。たとえば、六十年以上前の我が国も真珠湾攻撃というかたちで無謀な一歩を踏み出さざるを得なかったことを思い出してもよいでしょう。当時の日本人も、かの若者も、理性的な判断ができなかったわけです。

老練な機長は巧妙に犯人をなだめ事態を収拾しようとしたようです。ただし素人に旅客機を操縦させるわけにはいかず、その態度に犯人は怒り、機長に切りつけました。その容赦のない行動には、「狂気」としかいいようのないものがあります。これは、この若者が自分の人生のなかで求めて得られなかったものを狂おしく求めたことでもあったのではないでしょうか。それが何だったのかが誰にも（おそらく彼自身にも）わからないということが、この事件を苦しいものにしている点です。

彼には「狂気があった」ということを言い換えると、彼には「何かがなかった」ということになるのかもしれません。それが何であるかについて考えるなら、やはり、こころのありのままの自然や何気なく居られる場所ということになるかもしれません。これらを求めても得られないことから来る「不安」は、現代の少なからぬ学生に、程度の差こそあれ見られます。そして彼らは、それにも関わらず自分のこころのバランスを保っているのです。これは注目すべきことではないでしょうか。彼らは優しくなったりさめたり、時にキレそうになったりして、自身の潜在的な不安をほどほどに収めながら、新時代における自分の役割をそれなりに担おうとしているように思われてなりません。

本章の初めに述べた、若者との対話における「パソコンのキーボード操作のような作業」という喩えは、このような現代の若者の見えにくい内面を考えてのことです。旧世代の貴重な体験も、新世代の言葉に接点をもたなければ、その意味が伝わるとは限りません。「説明」の能力がきわめて貴重なものとなります。また、新世代の感受性といえども、その背景を理解すれば、根底においては意外に馴染めるものだったと発見するかもしれません。「傾聴」の能力も重要です。つまり、このような〝対話〟の努力が一方から為されることによって、他方からもそれに呼応する反応が返ってくる、という可能性を信じるのが学生相談の発想の基本なのです。

あるいは、このような見方に立って大学教育全体を考えてみるのも有意義かもしれません。たとえば「最近は授業を受ける学生の態度が悪い」という議論がよくなされますが、単に慨嘆していても仕方ありません。「説明」の能力と「傾聴」の能力を、教える側が本気で研ぎ澄ますことにより、授業の雰囲気がとても良くなるということは、けっして夢物語ではありません。まず学生を見る眼差しを新鮮にすることが肝心なことのようです。

本章は「現代学生の心と学生相談の目 ①／②」〔『化学と工業』第五二巻 第九・一〇号 一九九九年〕をもとに大幅に筆を入れたうえで構成されたものです。なお、本章に関連して次のような文献があることも記しておきます――拙論「学生相談から見る現代社会と教育」〔『混迷する社会の中の教育と大学』大学セミナーハウス 一九九九年〕など。

第九章　青年期のこころの危機

ここでは、前章で概観した現代若者のこころの位相へ、さらに深い眼差を向けることで、第Ⅲ部のまとめとしたいと思います。

アパシーと受動的アナーキズム

ステューデント・アパシーという現象の中心にあるのは、学生の「慢性的不登校」「全体的無気力」です。その無気力・無関心を説明するために、神経症ないしなんらかの人格障害の傾向を考えることもできるかもしれません。そのように、学生の人格構造ないし自我構造のなかにある種の「弱さ」、なにかしらの「欠落」を見ようとする考え方は、それなりに成立しますし、これによってアパシーの学生とのつきあい方・援助の方向が浮かび上ってくるのであれば、おおいに意味のあるものとなりましょう。ただここでは、やや趣きの異なる考察を試みようと思います。

アパシーの社会意識

〈アパシー〉とは「無気力」「無関心」のことです。これに「無感動」を加えればいわゆる三無主義ということになるのでしょう。このことからしても、アパシーという精神状態に、なんらかの欠落をともなった精神構造にもとづく説明をあてたくもなります。そしてこの「無」の中心に社会的無関心ということを置きたくなるのは無理もありません。

現に、ある学生は自分の精神状態を社会的無関心ということで説明できるとしています。しかし、その話を聴く私は、その彼になんらかの社会的態度が存在することを感じざるを得ません。そして、その態度のある限りにおいて、彼のなかに、なにかしらの社会的関心があるということも考えたくなるのです（このような受けとり方は、いわゆる政治的無関心と呼びたくなる現象が、必ずしも政治的関心の完全な欠落を意味しないという傾向によっても、正当化されるでしょう）。臨床感覚からしても、〈アパシー〉の学生と会っていて、彼らになんら社会的関心・人間的関心がないとは感じられないのです。本業をさぼってアルバイトや趣味などに凝っている心性は、けっして「ニヒリズム」というようなものではありません。アルバイトや趣味の出来映えがどの程度のものであれ、彼らは社会のなかで生きてゆきたいと思っており、多かれ少なかれ素朴な人間的関心をもっています。彼らの生活態度に、いかにこちらの常識的理解を超えたものがあろうとも、彼らには相手への配慮もほどほどにあり、また応分に自分のことも理解してもらいたいと思っているようです（彼らの現在の在り方にこちらの枠組を押しつけようとしてもまったく効果がありませんが、こちちが彼らの在り方を理解しようとしていることが伝われば、向こうからこちらへの配慮や協力意識が返ってくることが往々にしてあるものです）。

「逃避」し「撤退」しているように見える彼らの防衛的な在り方の根底にある心性ないし主義は、「ニヒリズム」というようなものではありません。また、関係者を困らせ、みずからをも窮地に追いこむような生活態度にもかかわらず、そこにあるのは、本質的には「サディズム」でも「マゾヒズム」でもないと私は考えます。では、大学関係者を嘆かせ相談関係者を困惑させる彼らの心性を、イメージ的にはどのように捉えればよいのでしょうか。どうもこれは青年期心性の一種であり、それゆえ、一過性のものでありながら、ある意味で普遍的な意義をもつもののようでもあります。それだけに対応が厄介なものでもあるのでしょう。

私はこの青年期心性に〝アナーキズム〟という名称をあてはめてみたいと思います。これはやや時代遅れの概念であり、また、いろいろ誤解されそうでもあります。私自身、この用語については特別に知識をもちあわせているわけではありませんが、いま〈アパシー〉の背景を考察する機会を得て、この概念の利用価値を思いつきました。この〝アナーキズム〟という用語が、ステューデント・アパシーの心性と社会意識の特質を表現するにうってつけのものかもしれないのです。

アナーキズム心性とアパシー

〝アナーキズム〟とは、いうまでもなく元来は政治学的な用語です。したがって、ここではこの用語をあくまでも心理学的に援用しているのだということを御理解いただきたいと思います。あえてこの用語を使うのは、そのことによって〈アパシー〉の学生とのつきあい方と援助の方向に新しい見方ができるから、そして、アパシー現象の考察をとおして現代の教育と文化に関する考察を深めることが期待されるからです（なお以下では、青年期心性の一種をあらわす用語としてのアナーキズムという点を強調するために〝アナーキズム心性〟という言い方も用いることにします）。私なりに理解した〝アナーキズム心性〟における人間観は、次の三つに要約されます。すなわち「個人尊重」「人間主義」「相互扶助」という考え方です（これらは、アナーキズムの思想家でいえばそれぞれプルードン、バクーニン、クロポトキンに対応するともいえましょうが、とくにこだわる必要はないでしょう）。

個人尊重　個人尊重とは、それだけ聞くともっともなことですが、〝アナーキズム〟においては、大勢順応の反対であり、多数派や強者に屈服せずに自分を主張する態度につながります。その結果、ルールや制度を無視し敵対することにもなるのです。カウンセラーが〈アパシー〉学生とつきあっていて、なぜかイライラさせられるのは、彼らの表面的には平静な態度の奥に、このような制度無視の本心が潜んでいるからではないでしょうか。大学教育も学生相談も、制度と無縁ではいられません。だからカウンセラーは、アパシー学生を心服させようなどとは考えないほうがよいでしょう。両者のあいだにささやかな信頼関係・協力関係ができたように見えたとしたら、それはカウンセラーの側が、制度のしがらみに足をとられながらもクライエント個人のために独自の働きをしようと努めた結果、カウンセラー個人の顔がクライエントに見えた時かもしれません。カウンセラーがアパシー治療の技法と考えて活用している仕方は、じつはカウンセラー側の「個人尊重」というアナーキズム心性（隠微なものではありますが）が穏当な豪現を与えられることによって生きたものとなるのでしょう。

もちろん制度人としてのカウンセラーは、いつも甘い顔をしているわけにはいきません。制度無視に対抗して強権発動のごとき言動をせざるを得ないときもあるでしょうが、そういうときにも（そういうときにこそ）肝腎なのは、カウンセラー個人の顔のありようです。その顔のありようは、大学の規則からも治療の理論からも自由に、漂うものであることが望ましいでしょう。クライエントの〝アナーキズム心性〟にしても、制度や対象の徹底的破壊を目的にしているわけではありません。問題の本質は、とにかく「個人尊重」というところにあるのです。したがって、『そんなことをしているのは、おまえだけだ』などという言い方は（逆説的にならいざ知らず）、クライエントのアナーキズム心性を導き損ない、サディズム／マゾヒズムへと脱線させることになるでしょう。

人間主義　〝アナーキズム心性〟としての人間主義は、キレイごとではありません。元祖バクーニンにおいては、人間性を抑圧するあらゆる権威主義に対する容赦のない破壊活動に結びつくものだったようです。現代の〈アパシー〉学生は、それに比べれば猫のようにおとなしいのですが、それでも、人間性（つまり自分の実感）を尊重しない（あるいは阻害する）概念には、それがいかに一般的に有難がられているものであれ、見向きもしません。いわば彼らは、世俗のプラグマティズム、つまり大学教育や大学教師の権威も、それが人間性（すなわち自分の生活とこころの豊かさ）に寄与しなければなんの意味もない、という健全な感覚をもっているのです。権威や神聖なものは、実際に役立つのでなければ意味がない、と彼らはいわばさめているのですから、立派な話をしてもらっても発奮することはありません（このあたりが、大学関係者のナルシシズムを脅かすのでしょうが、人間および人間関係に意味を見出す彼らでもあることを忘れてはなりません）。

カウンセラーが内心は有難がり密かに依存している治療理論に対しても、それが少しでも権威化されていると、〈アパシー〉の〝アナーキズム心性〟は敏感にそれを察知しソッポを向きます。これは制度無視の態度と類似のものです。したがって、カウンセラーにとって貴重な知恵である治療理論は、あくまでも人間の顔をしてクライエント個人に向かう必要があります。そして結局は理論ではないものとならざるを得ません。あとで述べますが、アパシーにおけるアナーキズム心性は基本的に「受動的」なものであり、そのため人間的交流を阻害するカウンセラーの理論的構えを破壊し変革しようという積極的行動は起こさず、むしろ拒否権の発動というかたちをとります。少しは関心のある相手であるカウンセラーの趣味としての心理学的な話に合わせることはあるかもしれませんが、相手が個人的趣味を押しつけて来すぎると、きっとクライエントは、俊巡しながらその場を去るでしょう。

そうならないためにカウンセラーは、クライエントのお手あげ状態に、みずからのお手あげ状態をもって対するしかなくなるかもしれません。能のない話ですが、これは少なくとも人間的な風景ではあります。このあたりをふまえて、カウンセラーがカウンセラーでなく「オヤジさん」「オジさん」

の顔を自然に見せることができれば、事態は展開することもあり得ます。ある種の「オジさん」（女性カウンセラーの場合は「オバさん」）は〝アナーキズム心性〟には抵抗が少ないのです。

相互扶助　生存競争・競争原理の優勢な現代社会において、相互扶助の精神は貴重なものです。しかしこれも徹底すると、大勢順応の精神とぶつかります。〈アパシー〉学生の頑固な抵抗にぶつかって「馬に水を飲ますことはできない」という感じを抱いた大学関係者は少なくないでしょう。

一般には、学生の〈アパシー〉は、それまでの競争に勝ち抜いていた優等生があるとき力の限界を感じて競争から脱落した姿と考えられています。これもひとつの説明として成り立つでしょう。つまり、人一倍に競争心の強い若者がもはや首位を守れなくなって無気力になり逃避する、という見方です。しかし私の体験からすると、これは事実にぴったりの説明とは思えません。アパシー学生とは、もともと周りと対立したくない心性の持ち主が、それゆえ競争社会の枠組に自分を合わせ優等生として振舞っていたのが、青年期のある時期に本来の自分に目覚めて競争が嫌になった。そのような結果の産物でもあるのではないでしょうか。つまり、「生存競争」と「相互扶助」というふたつの原理が対立したときに彼らは迷いながらも後者を採った、と考えることはできないでしょうか。

本業そっちのけで家庭教師のアルバイトに専念している学生の姿を目にすると、このような見方を提起したくなります。もちろん「逃避行動」という説明も成り立つのですが、実際のカウンセリング関係の維持と発展のためには、単に逃避という見方では不充分だと思われます（カウンセラーがそういう見方をしているとクライエントは文字どおり面接の場からも逃避してしまうのは周知のとおりです）。そこで「相互扶助」への関心という見方は、苦しいながらも相談の場をつくっていくのに役立つでしょう。たとえば、ほとんどすべての事に関心を失なっているかに見える〈アパシー〉学生が、カウンセラーとの相談の時間にだけは関心を残し、そこを頼りにして残り少ない友人関係を維持し発展させていくということがあり得るのです。その過程において、友人とのあいだに「相互扶助」の心性が生きてくることを、私はたびたび実感してきました。これはけっして自分からの逃避などではなく、苦境にあるがゆえの人間性の発露である、と見ることはできないでしょうか。

「言われてするのはもうコリゴリ」というのが彼らの本音かもしれません。勉強でも人間関係でも、そうなるのでしょう。そのためカウンセラーとしては、クライエント中心の精神を、形式でなく理論でもないような在り方で生かしていくしかありません。いいかえれば、教育者でもなく治療者でもないような在り方のレベルがカウンセラーに可能になると、〈アパシー〉学生のなかに潜んでいる「相互扶助」の精神が動きだし、現状をなんらかのかたちで変えていく力となると思われるのです（これは、カウンセラーがただの「オジさん」「オバさん」たり得ることの意味と通じることかもしれません）。

アパシーと境界例人格障害

ステューデント・アパシーの〝アナーキズム心性〟は、人間的交流を阻害するカウンセラー側の制度的枠組や理論的構えに内心強く反発しながらも、それらを破壊し変革する積極的行動は起こさないということを、先に述べました。このような〈アパシー〉の受動性とは対照的に、積極性が青年のアナーキズム心性に備わっていたら、どういうことになるでしょう。

〈青年期境界例〉がその好例です。彼らは積極果敢に（傍若無人に、極悪非道といってよいほどに）対象や環境にはたらきかけます。その意味で彼らは仕掛人であり、降りることを主な手法とする〈アパシー〉学生とは反対に見えます。ただし、ハタ迷惑な境界例の学生にも、彼らなりに狙いはあります。それは、アパシーと同様「個人尊重」「人間主義」「相互扶助」の精神にもとづいたものであり、アパシー学生の願いと類似のものといえましょう。境界例の学生は「たったひとりの反乱」ともいうべき暴挙によって、個人というものを浮かび上がらせます。関係者の一人ひとりも、日常的安定（制度面であれ理論面であれ）から引き剥がされそうになり、みずからの個的な立場を省みるざるを得なくなります。このようなはたらきかけのなかに「人間主義」的な意図を汲みとることができれば、問題のクライエントも少し落ちつけるのでしょうが、現実には、展望なき孤軍奮闘のパワーに押され、周囲は余裕を保つことが難しいことが多いものです（しかし、どのような闘いもいつかは終わります。私はかつて「問題学生」の父親に『ベトナム戦争もついには終わりました』と伝えたことがあります）。

境界例において「相互扶助」の精神は、アパシーの場合のように素朴なかたちではとらえにくいでしょう。境界例の青年は「いい子」になったり「悪い子」になったりします。本質的なものは、彼らの変革を目指す「破壊」のなかに潜んでいて、見えにくいのです。いわば彼らの手法は「鬼手仏心」であって、カウンセラーにとってうれしいものではありません。つきつめていえば、神田橋條治氏のいうように、カウンセラーにとっては、境界例のクライエントに破壊されることに手応えを感じる

（マゾヒズムではなく）ことが仕事なのかもしれません。この仕事が充分になされれば、カウセラーのこころは、峰松修氏のいう「モヌケのカラ」になるのでしょうが、いずれにしてもハードな路線といわざるを得ません。だからこそ、少なくとも、境界例の青年の問題行動の裏になんらかの前向きな意図がある（それについて彼ら自身が自覚的ではないにしても）ことに、大人としての関係者は、余裕を取り戻しつつ留意することが望ましいのではないでしょうか。

ここまでは、アパシーと境界例を人格障害として構造的に見るだけでなく、現代社会との関係においてとらえ、アナーキズム心性の内向性／外向性という観点から考えてきました。そのことで、現代青年の精神的状況とそこに起因する心性に新しい光を当てることができるのではないでしょうか。

アナーキズム心性と現代社会

〝アナーキズム〟という概念はいわば前世紀の遺物です。この概念の色あいを強くもった学生反乱も遠い過去のものとなり、大学キャンパスにはいまやアカデミズムの平和が訪れているように見えます。しかしこのアカデミズムも、ひと皮めくれば、プラグマディズムの色彩の濃いものであり、大学が生き残るための自由競争はむしろ厳しくなっています。そのなかで、不景気という社会情勢も手伝って、学生たちは大勢順応の姿を見せているようでもあります。ところが青年期に特有なアナーキズム心性のようなものが無くなってしまったとは考えにくい、と私は思います。

ひとつには、大学生が一見おとなしくなったかわりに、そこへ至る小・中・高の段階である種の無秩序が出現しています。不登校や「いじめ」の現象です。これらが青年期の〝アナーキズム〟の先取りであるという仮説は、容易に検証はできないものの、念頭に置いておいてよいかもしれません。

あるいは、かつて世間を騒がせた「オウム真理教」の凶悪さと不可解さも、現代の管理教育のなかで行き場を失った〝アナーキズム心性〟ということで説明できるかもしれません。まったくの仮説ですが、この場合、彼らのアナーキズム心性は〈アパシー〉や〈境界例〉というかたちをとらず、より強く抑圧されて〈失感情症〉ないし〈感情言語喪失症〉というかたちになっていたのかもしれません。いわば自己喪失として、アパシーや境界例よりもさらに深刻なものであったとも考えられます。あの教団がヨーガという身体の感覚・感情を蘇らせる技法を中心に形成されていたことは、この仮説からすると注目に値します。さらに、信者の多くがいわゆる理系のエリートであったのも同様に興味深いことです。受験対策や情報処理という作業に明け暮れて失いやすいのは、身体的自己性（たましい）でしょう。このかけがえのない自己、たましいを回復する技法とそのサークルに、彼らが引きつけられ、そこに少数派の共同体をつくろうとしたことは、先の〝アナーキズム心性〟の三要素からしても、無理はないと思われます。しかも教祖がいわゆる「オジさん」的風貌の持ち主であったことも、管理教育のなかでふるさと的なものに飢えていた彼らには新鮮だったのではないでしょうか。

しかし皮肉なことに、このたましいとふるさとを回復すべく始動した集団は、信者の教祖への依存心ゆえに、競争と階層秩序という現代社会・現代教育のパロディを実現してしまったのです。ここにおいて〝アナーキズム心性〟の特質である「人間主義」は完全に封じ込められ、奇怪な権威主義に席を譲ってしまいました。そしてまことに不幸なことに、政治的アナーキズムのひとつの帰結であるテロリズムを産み出したのです。この事件をひとつの社会病理と考える私としては、個々の信者の人格について断定的なことは述べたくないのですが、ひとつの推測として、教団から離れた彼らの一人ひとりは、いま、時に〈アパシー〉的に、時に軽い〈境界例〉的に振舞っているのではないでしょうか。もしそうなら、それは彼らの自己回復の過程のなかでは意味のあることだと思います。少なくとも彼らは、おそらく平均以上に敏感な体質をもつがゆえに、自己喪失にもなるものと考えられます（逆に、それを回復すべく少数派に与した結果、このような病理的状況に関わったともいえましょう）。〈アパシー〉や〈境界例〉の青年は、とにかく独りで降りたり仕掛けたりします。私はそこに、彼らの自己意識や社会意識の萌芽を見出したく思います。またそうした視点は、カウンセリング関係の維持・発展にも役立ち、大きく現代社会・現代教育の問題点を考える際にも有効かもしれません。

対人恐怖と心情ナショナリズム

前節では〈アパシー〉学生と〝受動的アナーキズム心性〟について考えてきました。ここでは少し視点を変えて、現代の若者たちの〈対人恐怖〉に関連して、その社会・文化的背景から考察してみたいと思います。

その際にまず基盤となるのは、私の臨床体験です。つまり以下の考察は、青年・学生の〈対人恐怖症〉的な訴えに耳を傾け、彼らとつきあう体験のなかから、臨床的に重要であると感じたところ、なにかしら本質的な直観といえそうなものを基礎としています。したがってここでは「現代の日本の青年における神経症的傾向」というような問題、いわば特殊日本的な現象から出発します（じつはそこには、「特殊性」を徹底的に追求するとむしろ「普遍的」な地平に行き着くのではないか、という期待があることを断っておきたいと思います）。次に、社会・文化的背景ということですが、そのことを考えるにあたって前節のようなキーワードを挙げるなら、私は現代若者の〈対人恐怖〉に関しては〝ナショナリズム〟という言葉が参照されてよいのではないかと思います。

冷戦構造の崩壊後、地球規模で民族問題が起こり、大問題になっています。どうやら〝ナショナリズム〟はアナーキズムと同様、近代世界の成立以来の古くて新しい問題のようです。そこで、かくも社会的に重要な問題は当然、青年たちの精神的問題にも深い結びつきがあるはずだ、というのが私の考察の前提となります。そのうえで臨床体験によって裏づけられた考えを、これから述べようと思います。ナショナリズムの訳語としては「民族主義」「国民主義」「国家主義」の三つがあり、これらはそれぞれ「民族の独立」「国民の主権」「国家の建設」という重要な問題に関わりますが、どれも青年の精神的自立という問題のメタファーにもなり得るかもしれません。それではこれから、青年の独立・自尊・自己形成に関わる神経症としての〈対人恐怖症〉について考えてゆきましょう。

対人恐怖症の日本的性質

〈対人恐怖症〉を、旧型（赤面恐怖や吃音恐怖など）と新型（自己臭恐怖や醜貌恐怖など）に分けるとしても、両者に共通なものとして、一種土着的な感じ、なにかウェットな感じが否定できません。これを私は対人恐怖症の「にじみ出る苦労」と名づけたいと思います。これを受け止め、その背景について適切な理解ができると、治療的にも大きな効果があがるようです。この一種日本的な感じは、以下のような日本語特有のニュアンスによって捉えられるかもしれません。

「身内」意識と「よそ者」意識　対人恐怖のクライエントが自分の症状にこだわる話を聴いていると、まるでカウンセラーが「身内」の人間として聴くことを彼らが求めているように感じられることがあります。症状の話じたいは、どうにも解決のしようのないものでありながら、そこからにじみ出るなにかしらウェットな土臭い感じが受け止められることが重要なポイントであるような気がします。これは、かつて農村から都会に出て来た青年たちの不安と苦労を連想させます。

ひとつの例として、旧型の対人恐怖（赤面恐怖や吃音恐怖など）ないしはその危険があるような青年たちが、自分たちが安心して参加できる仲間集団をつくってみたとしましょう。そこで彼らは「身内」としての安心感を抱くことができます。しかしこのような身内意識は、みずからの「よそ者」意識を前提としてもっているので、結果的には、なんらかの閉鎖性をもたらします。これがいわば〝ナショナリズム〟の問題点であり、その閉鎖性に疑問を感じる青年は、また別の集団をつくろうとするかもしれません。アパシーの青年はこのあたりに敏感であるために、どの集団にも定着しないというようなことがあり得ます。
新型の対人恐怖の場合はどうでしょう。就職や結婚の結果としての企業や家庭という集団がこころの安定に大きく寄与した二例（自己臭恐怖および醜貌恐怖）があります。自分を受け容れてくれる集団ないし小集団の価値を認め、それへの忠誠心ないし愛着心が、かなり重い症状を大幅に軽減させた例です。対人恐怖症においては、「身内」意識と「よそ者」意識のバランスがとれるようになっていくことが、その青年がおとなになっていくことになるのでしょう。彼らは、「ゴネ」ているようでありながらじつは「建設」したいのであり、そのために自分に合った〝風土〟を、カウンセラーとの関係のなかで確認したいのではないか、と私は思います。それゆえ彼らは、カウンセラーが心情的に援助的であることに対しては、アパシーや境界例の青年ほど気難しくはなく、寛大なようです。

「人並み」と「目立ちたがり」　対人恐怖の人は〝人並み〟にこだわります。そして自分が人並み以下だと苦悩します。その意味で彼らは自分のことで悩むことができるといえます（アパシーや境界例の青年はそのような発想に馴染まないようです）。対人恐怖症においては、「独立自尊」の感情をもちたいということが前提になっています。だから、それが出来ないことが問題になるのです。自分をなんとかしたい……どうすればよいか、というわけです。クライエントは自分の問題を語りカウンセラーはそれを聴くということになるので、その意味で、治療関係にひとつの安定要因が生じます。しかしクライエントの訴えの内容になると、それは葛藤に満ちた、鬱陶しい、ウェットなものであり、簡単には解決しません。つまり、独立自尊・自己形成の価値は明らかだとしても、そのための具体的方途は一向に明らかにならないわけです。この困難は、「民族の独立」「国家の建設」を目指す努力がしばしば陥る混迷になぞらえることができましょう。ここから私は、対人恐怖症の苦痛を〝ナショナリズム〟のメタファーで表現することを思いついたのです（ちなみに、民族問題に関するある専門書には「思春期ナショナリズム」という用語が使用されています）。

〝人並み〟と〝目立ちたがり〟との関係は、右足と左足のようなものです。両足は、交互に前に出て、しかも共通の目標を追求してゆきます。その目標とは、本来は独立自尊・自己形成ということですが、実際にはややもすると、周りに受け容れられるということに重点がおかれ、いわゆる「暗い」と見られることに対する恐怖が出てきて、自分を隠蔽しなければいけないような気になってくることがあります。新型の対人恐怖（自己恐怖や醜貌恐怖など）の背景にはこのような事情が窺えるのではないでしょうか。したがって治療においては、クライエントの〝人並み〟や〝目立ちたがり〟への関心を、微笑ましいものとして受容できることが決定的に重要となります。

こだわり・恥じらい・可愛げ　いずれも特有なニュアンスがある日本語で、どれも「自己主張」というニュアンスをもっています。つまり〝こだわり〟とは、相手のことはさておいても（無視するのではなく）自分のことにかかずらわるということであり、〝恥じらい〟とは、やはり自分のことにかかずらわりながら、そのことが相手にどう受け止められるかに気がかりであることで、〝可愛げ〟とは、自分のこだわりや恥じらいが相手によって好ましく受け取られるということでしょう。

先に述べたように、対人恐怖のクライエントは自分の症状にこだわります。そのこだわりは、あたかも、ある民族がみずからの文化的伝統に執着し、自他ともにその価値を認められる状態を願望するかのようです。カウンセラーがそのこだわりに関わるのは容易ではありません。ですが、鬱陶しいような、うるさいようなその感じに、カウンセラーが関わりを維持できると、治療状況は好転します。いわば「暗い」クライエントが、少し「明るく」なるのです。ある自己臭恐怖の青年が、私の苦労しながらの関わりにニコリと笑ったときの表情はとても印象的でした。

いいかえれば彼らは、みずからのこだわり・恥じらい・可愛げといった、ある意味での弱い部分を、カウンセラーに示すことができるのです。それだけのタフさをもっているのです。つまり彼らは、自信がないと言いながら、自分で信じられそうな（あるいは信じたいと願っている）ところをカウンセラーに認知してほしいのではないでしょうか。ここに私は〝ナショナリスト〟の心情と願望に共通するものを見ます。一方、アパシーや境界例の青年たちは、むしろ、信じられないものを識別しそれらを否定することにおいて優れているように思われます。先に〝アナーキズム心性〟と名づけたそのような特質をカウンセラーが正当に評価することによって、逆説的に治療関係が安定することが多いのではないでしょうか。

ともあれ〝ナショナリズム〟も〝アナーキズム〟も、それに類似する青年期の心性も、時に危険な作用を社会・個人に及ぼします。ナショナリズムは「ひとりよがり」を生み出す危険性があります（カウンセラーの党派性というナショナリズムが、ひとりよがりとなって有害になりかねないのは、周知のとおりです）。そしてアナーキズムには「シラケ」と「ヤケクソ」をもたらす危険性があります。

にじみ出る苦労

〈対人恐怖症〉の治療においてはクライエントの表情およびその在り方の全体から「にじみ出る苦労」を受け止めることが基本的に重要であることは先に述べました。旧型の赤面恐怖や吃音恐怖であれ、新型の自己臭恐怖や醜貌恐怖であれ、クライエントは、みずからの内なる好ましからざる（あるいは、相手によってそう受け取られてしまう）ものが晒されてしまうのを恐れているかのようです。強迫心性に類似するこのような傾向を、人格構造から説明することも可能でしょうが、ここでは社会・文化的背景からメタフォリカルな見方をしてみたいと思います。

一言でいえば、わが国における〈対人恐怖症〉の「にじみ出る苦労」とは、近代化の過程における言うに言われぬ苦労とパラレルなものではないでしょうか。もちろんこれはひとつの見方に過ぎませんが、対人恐怖症の理解と治療において役立つ見方かもしれません。

殖産興業・富国強兵　西欧に追いつけ追い越せという日本近代化の涙ぐましい努力は、いうまでもなく〝ナショナリズム〟の情熱にもとづいていました。徳川時代の幕藩体制というひとりよがり（それなりに合理性もあったでしょうが）が黒船によって揺さぶられ、日本は国を挙げて殖産興業・富国強兵の道を歩むことになりました。いわば一つのひとりよがりからもう一つのひとりよがりへの移行が必要になったのです。この反応は、基本的には健全なやむを得ないものであったのでしょうが、その努力を長期にわたって続けることは、どうしても無理を呼びます。その無理は、多くの日本人に多大な苦悩と苦労を強いることとなりました。それはたとえば夏目漱石や芥川龍之介の苦悩であり、また東北の農民の疲弊であるかもしれません。これらは、歴史からにじみ出るものであり、対人恐怖の「苦労」のメタファーでもあります。

八紘一宇　黒船に驚き脅されて、それまでの幕藩体制的心性を払拭して近代化の道を邁進した結果、一応、国の外観は新しくなったものの、本当の安心感は訪れません。いや、国の安全の遣り繰りはいよいよ難しくなるばかりです。ストレスが嵩じると対人認知もあやしくなり、ついに八紘一宇という〝ひとりよがり〟の極致に達してしまいました。これはタテマエとして「渡る世間に鬼はない」などと言いながら、本心としては「敷居またげば敵ばかり」と恐れている、危険な状態です。一歩間違えば神経症のレベルを超えて、事故を起こす心配があります。

このように見れば、クライエントが対人恐怖の症状にこだわり続けられるのは一種の強さであることになります。カウンセラーが関係の維持に苦労しながらも、相手の表情からにじみ出る苦労を感じ取れる状態は、まだ関係が守られている状態だといえましょう。つまり、〝ナショナリズム〟は一種の防衛反応ですが、それが防衛反応であることがまったく忘れられるとき、その〝ひとりよがり〟が大きな災難をもたらすのです。

高度経済成長　敗戦によって日本は富国強兵の道を諦め、〝ナショナリズム〟の情熱を経済競争へと移しました。その情熱はまたも涙ぐましい努力となり、大きな成果が挙がりました。もう一つの〝ひとりよがり〟への移行という意味でも、これは一応、健全な反応といえましょう。とはいえ「競争」ということには、特有の神経症がつきまといます。市場経済における業績の向上を「独立自尊」の根拠にすることは、一国においてもさることながら、個人においても、価値観の相対化・不安定化をもたらします。たとえば、ひとつの基準となるべき教育じたいが、この変動する競争じたいのなかに組み込まれ、親をも子をも不安にさせる要因となります。その不安な事態は「教育神経症」的事態であり、いまや、かつての富国強兵・八紘一宇の時代の「戦争神経症」的事態に匹敵する重大さをもつに至っています（このふたつの事態に共通するのは、強迫症状や不安発作です）。

サラリーマンの表情に「にじみ出る苦労」は隠すべくもありません。父親として隠しおおせたと思っても、子どもにそれが出る、ということも観察されています。また、家庭の主婦にとっては「お隣のカラーテレビが気にかかる」という時代もありました。時代を下って、昨今の若い女性たちには「自分の体型が気にかかる」という醜貌恐怖様の不安が広まっています。「ダイエット神経症」と呼んでよいかもしれません。これは、豊かで一見「自由」な時代において個人に課せられる「無理」の好例でしょう。あるいは、かつての「大きいことは良いことだ」の時代の頑張りから、なにかとスリムにコンパクトにする頑張りに移行して、現在はリストラの大号令がかかっています。

高度経済成長が終わっても、国を挙げての〝ナショナリズム〟の情熱は、また新たな課題を押しつけてくるのでしょうか。黒船以来の震源地としてのアメリカおよびアメリカニズムということを視野に入れながら、冷静に考察することも必要でしょう。現代の青年の対人恐怖の訴えを理解するには、このような状況の「無理」と「苦労」を背景として考えておき、それをクライエントの内的世界のメタファーとしても見ていくことが、治療的に有効かもしれません。

おわりに

〈対人恐怖症〉の訴えは「自分のことが気になる」というところに特徴があります。これは神経症一般の特徴でもありましょうが、本章では〝ナショナリズム〟における独立自尊・自己形成への情熱になぞらえてとらえようと試みました。ちなみに、武道の鍛練やボディ・ビルディングにのめり込むこころにも、対人恐怖的傾向はあるといわれます。国家建設の情熱とパラレルな「自分というものをつくりあげたい」という情熱を、どのように導いたらよいのでしょう。

一方、本章前半で考えたように、〈アパシー〉や〈境界例〉の〝アナーキズム心性〟においては「社会のなにかが気に入らない」というところが要点で、その感受性の鋭さは批判的精神となり、安直な建設的努力には冷淡となります。

もちろん、ひとりの青年のこころのなかには〝ナショナリズム〟のひとりよがりも〝アナーキズム〟の気むずかしさも共存しているのであり、どちらも「こころのエネルギー」であり、それらが社会状況に応じてどのように華開くかが問題なのでしょう。

先に触れたオウム真理教の場合は、現代の社会秩序を根底から否定するような教義と破壊的行動が〝アナーキズム〟的であると見られる一方、官僚機構のミニチュア版のような組織は〝ナショナリズム〟の閉塞感を漂わします。自然科学や情報科学を学んだ青年たちも、文化としてのこれら二つの

ismからは自由でないようです。青年の社会化という視点から、心性・心情としてのアナーキズムとナショナリズムを論じる必要があるといえましょう。

本章は「スチューデント・アパシーと受動的アナーキズム」〔『京都大学学生懇話質シンポジウム報告書』一九九六年〕・「対人恐怖症と心情ナショナリズム」〔『京都大学学生懇話質シンポジウム報告書』一九九七年〕をもとに大幅に筆を入れたうえで構成されたものです。

終　章　カウンセリングのこころと言葉

本書の最後に、これまで綴ってきたことを振り返っておこうと思います。

カウンセリングの基本として、《受容》《共感》《純粋（真実）性》ということを挙げてきました。「肯定」「精妙」「正直」のこころとも呼べましょう。このように言い換えてみると、これらの三条件を満たすのは容易でないことがわかります。たしかに、肯定的な発想、精妙な感覚、正直な態度ということが、カウンセリングという対話の作業を自由かつ安定にさせ、創造的にさせるということは間違いないでしょう。それをいかに可能にするかという観点から、これらの言葉を見直してみたいと思います。その際ここでは、漢字の世界の豊かさを生かすために、あえて受・容・共・感・真・実と細分して、自由連想風に、漢字一字一字の意味あいをより細やかに味わってみます。カウンセリングのこころを求めての〝言葉の世界の逍遥遊〟とでもいいましょうか。

受《じゅ》

①手中にうけとる。②うけ入れる。③よい物を受け取る。④ひどい眼にあう。

カウンセリングの実際から考えて、これらの辞書的な意味〔『漢字源』以下同〕はきわめて示唆に富みます。隠喩的にいえば、①の意味からカウンセラーは、クライエントの語りに対して手をこまねいていてはいけない、ということがわかります。また、よく前を見て、必要なときに機敏に手を差し伸べる準備が出来ていなくてはなりません。②の意味からカウンセラーは、クライエントの愛憎豊かな物語の断片をも、しばらく身近においておくことが求められます。そのためには、カウンセラーはみずからの身辺の整理がある程度できていなくてはなりません。③の意味からカウンセラーは、クライエントの話を素直に聴けるための、最低限の頭の良さと人の良さを持っている必要があります。自分のほうが相手より賢い、などという妄想から解放されていなければなりません。④の意味からカウンセラーは、クライエントおよび自分自身のこころの世界の不安要因を相当に見極めていることが必要です。これは容易なことではありませんが、専門家としてのカウンセラーには当然なことでもあるといわなければならないでしょう。

解字すると、《受》は〃手〃を含み、カウンセリングにおける《受》のこころは〃手〃のこころでもあることになります。いわば「掌《たなごころ》」によって受けるのが、カウンセリングにおける《受》の作業の要諦なのでしょう。なにやら仏様のようでもありますが、生きているうちにそのような仕事をこなすには、それなりの修行が求められることになるのではないでしょうか。

《受》はカウンセリングの基本中の基本です。仮にカウンセラーの側にどのような名案があろうとも、どのように忙しかろうとも、その日のクライエントが何を感じながら何を語りだすかは、まず「受けて」みなければわからないのです。医療と同じようにカウンセリングも、クライエント側が「受ける」といいますが、カウンセリングで「受ける」のは、じつはカウンセラーの側なのです。ちょうど授業を学生が「受ける」ように。

この立場は、医療における医師の立場とは大きく異なります。専門家の良心と時間の余裕をもっている医師は、患者とのよい対話を可能にするでしょうが、そのための社会的条件は厳しいといわざるを得ないのが現状ではないでしょうか。いわゆるカウンセリング・マインドが医療や教育の分野においても大きな意義をもつという可能性は否定できませんが、そのための条件がどのようなものになるかということを論じるためにも、カウンセリングの場におけるカウンセラーの課題の基本的要素としての《受》の意味を充分に考えておきたいものです。《受》とは、けっして頭だけの仕事でなく、手先だけの仕事でもなく、全身と全霊の精妙なバランスによる人間対応の仕事なのです。その意味では、《受》は〃樹《じゅ》〃に通ずるともいえましょう。

容《よう》

①いれる。中に物をいれる。②中身。中に入っているもの。
③かたち。すがた。枠の中におさまった全体のようす。④かたちづくる。すがたを整える。化粧する。
⑤ゆるす。いれる。ききいれる。受けいれる。⑥ゆとりがあるさま。

①②の意味から、カウンセラーはクライエントの怒りや悲しみの、少なくともその一部（本質的なところ）を自分のなかに取り入れる必要があります。その結果、たとえばクライエントの怒りとカウンセラーの怒りが、カウンセラーの心身のなかで共存・接触することにもなります。これは大変なエネルギーを要する、カウンセラーの側に大きな精神的容量がなくては可能にならない作業です。

③の意味から、クライエントの感情や思考がカウンセラーによって受け容れられると、それはなんらかのかたちをとってカウンセラーのこころのなかに収められるということになります。つまり、クライエントのこころの一部は、カウンセラーのなかに入って、なにか別なかたちをとることになるのです。たとえば、日本人が「ヨーロッパ文明を受容する」といった場合、「受容」されたヨーロッパ文明は、日本人のこころのなかで、かつてとは異なったかたちをとっているように。

③と④の意味を合わせると、《受容》とは必ずしも受け身なことではなく、対象を変形させ、自己を変容させる可能性と危険性をもつ精神作業だということになります。これは、社会学でいう「文化変容」ということにも似たプロセスともいえましょう。クライエントとカウンセラーの相互作用にかかわる、葛藤のともなうプロセスにもなり得ることが想像されます。

⑤の意味はどのようなことに関わるでしょうか。カウンセラーは道徳的な意味での判定者ではないので、カウンセラーがクライエントを「ゆるす」ということではないでしょう。クライエントにしてみれば、自分を正しく理解してくれるはずのカウンセラーが、クライエントを誤解して気づかないということがあった場合には、怒りが生じてきても無理はありません。にもかかわらず、関係を危険にさらしたくないためクライエントは我慢している、ということがあり得ます。④にも関連しますが、収まらないものを収まったかたちにするために、クライエントはじつはいろいろ苦労しているのです。もしクライエントが正直になり、カウンセラーに『絶対許せない』と言ったとすると、関係の危機が明白になるでしょうから。仮にカウンセラーがクライエントを「ゆるす」ということに意味がある場合というのは、カウンセラーの側に相当に深い（宗教的ともいえるような）精神世界があり、それが同じように深いクライエントの精神世界に触れた場合のみでしょう。

⑥の意味は、以上のようなことを考えたあとでは、一段と示唆的ではないでしょうか。カウンセラーがクライエントの怒りや悲しみを受け入れてなお「ゆとり」があり、またその「ゆとり」がカウンセラーの姿・形・顔に表れているようなことは、まことに得がたいものです。クライエントの世界の

受苦・受難につきあうのは容易なことではありませんから。

解字によると、《容》は〝家の屋根〟と〝谷〟から成ります。いわば、深くくぼんだ入れ物に蓋をした形です。たしかに相手を深く受け入れるためには、考え深く、また謙虚であることが必要でしょう。相手の複雑な話を受け入れて聴くためには、深層心理学の知識も役立つかもしれません。しかしその考え深さが欲深さになってしまっては、逆効果となります。知識欲を超えた謙虚さが求められるのです。また「深い体験」は、普段はしまっておけたほうがよいともいえましょう。

《容》の字は、音の連想で〝様《よう》〟につながります（「かたち」と「ありさま」は和語としても意味が近いでしょう）。クライエントのこころの世界がカウンセラーのこころのなかでどの様に収まっているかが、両者の関係を考えるうえでは重要なことです。また、「様《さま》」が敬称ともなる日本語の特質は、対象への微妙な感触に生きています。「ご苦労様」「お世話様」というような日常的な挨拶の意味あいが、その言葉を口にする人の胸のなかにある想いの陰翳によって豊かになるように。

共《きょう》

①ともに。いっしょに。「共存共栄」 ②ともに。全部で。合計して。 ③とともに。といっしょに。
④ともにする。共有する。 ⑤両手を胸の前であわせる。

⑥両手でうやうやしくささげもつ。大切に保持する。⑦ものをそろえてささげる。

共存・共栄・共有というような言葉にあらわれているのは、人間がひとりで生きているのではないという、社会的現実の認識です。カウンセリングも社会的場面であり、クライエントの生活の改善のという目的のために、クライエントとカウンセラーが協力・協働することです。「共」が「協」に通ずることはいうまでもないでしょう。ある意味で人はひとりぼっちで生きていながら、やはり人はひとりぼっちではありません。そして、自分のことが相手によって充分に理解されたと感じられる瞬間は得難いものです。なぜなら、「その人にはその人にしか分からないことがある」「言わなければ分からない」「言っても分からない」といわざるを得ないことが多いから。

共に（一緒に）に居ると、人と人はいつの間にか相互に影響しあいます。家庭や職場、その他の集団において、メンバーである個人と個人は、じつにさまざまなかたちで心的に反応しあうのです。そのような相互作用を言語化して共有することは、時間的に不可能でしょうが、その相互作用の要点が適宜言語化され共有されると、関係の維持・改善・発展に効果があるのは確かです。カウンセリングにおいては、いうまでもありません。カウンセリングにおける《共感》は、「同感」とは異なり、論語の「和而不同」（和して同ぜず）の境地が近いといえましょう。古い話のようですが、じつは新しい問題に適合した発想なのです。たとえば、中高年の人々が現代の若者と対話する際の、同感ではなく共感の試み（お互いの違いを認めたうえでの細やかな言葉の遣り取り）からは、得るところが大きいのではないでしょうか。

⑤⑥⑦にあるように、《共》とは身体感覚次元での微調整に関わることでもあります。意見の異同にこだわらず、共《とも》に居ることの意味を感じつつ、精妙な感覚を生かして対話に臨むことが大切でしょう。その意味で《共》は〝協〟のみならず〝響〟にも通じます。さらに《共》には、〝競〟にも通じ〝驚〟〝脅〟〝凶〟にも通じ、最悪の場合は〝狂〟にも通じるような、多彩な関係性が感じられます。第九章で延べたように、現代の若者の引きこもり傾向に対応するためにも、中高年は、若者の世界との「共存」を意識し、上述のような関係性の種々相に通暁する必要があるのかもしれません。

感《かん》

①強く心にこたえる。強い刺激、ショックを受ける。②強く相手の心を打つ。
③強く心にこたえるもの。④神経の刺激によって得るもの。感じ。
⑤寒暑や環境のショックを受けること。

ここでは総じて刺激やショックの強さが例示されているのに驚きます。《共感》はどちらかといえば精妙な感覚をニュアンスとしてもつ言葉でした。とすると、漢和辞典の示唆するところ、精妙は、軟弱ではなく、強い刺激・ショックを受け止められる神経にのみもたらされる特質と考えることができましょう。現代社会のありふれた状況も、多くの若者にとってきわめて強い刺激のある場面だ、ということも忘れられてはなりません。

解字では、〝咸《かん》〟は「戈《ほこ》でショックを与え口を閉じさせること」だという。これは一見奇異に思えますが、いわゆる〈緘黙児〉といわれる子どもたちが内面で体験しているショックを想像すると、理解できるでしょう。〝咸〟の字がもつ強烈なイメージが理解を助けてくれます。そのような子どもたちのありようは、それなりのショックに対する反応ないし対応術なのではないでしょうか。このような症状が改善するのは、遊戯療法などにおいて強烈かつ多彩な自己表現がなされ、それがセラピストによって《共感》的に理解された時なのです。

『なにか感じていることある?』と聞かれても『べつに……』としか応えない子どもたちのこころのなかにあるものは、容易には表現され得ませんが、一度表現されると、良かれ悪しかれ、周囲の大人たちが驚いてしまう場合が少なくありません。高度産業化社会・情報化社会といわれる現代社会において、子どもたちは日々強い刺激に晒されています。『自由になにか言いなさい』と言われても、考え深い子どもこそ、『べつに……』としか応えられなくなるのは無理からぬことでしょう。『べつに……』としか応えない子どもたちの言葉の使い方こそ、お互い困惑してしまう状況における、子どもならではの対人関係の技術なのかもしれません。

《感》と同系の字として〝喊《かん》〟があるといわれます。「喊声《かんせい》」や「吶喊《とっかん》」はすでに死語に近いものですが、現代社会の闇の部分にある修羅場をあらわす意味で、やはり捨て難い言葉なのかもしれません。いわゆる「落ち着きのない子」が、教室で突如大声を出して周りを混乱させるのは、その子があまりに感じやすいからでしょう。このように見ると、《共感》を求めての対話は、むしろお互いが揺さぶられやすい不安定な状況をつくりだすということになりそうです。それもあって、現代の若者の「引きこもり」問題の対応は困難になっているのかもしれません。

《感》の世界を創造的にする決め手は、月並みかもしれませんが、大人やカウンセラーの側の〝勘〟の力でしょう。〝勘〟とは、漢和辞典によると「かんがえる。奥深く突きつめる」という意味です。あえて若者風にいえば「オタク」にもつながります。その意味で、大人のほうにも「ハンパじゃない」ものがあることが伝われば、対話は可能になるのではないでしょうか。「引きこもり」や「オタク」に見える（あるいは、そうとしか見えない）若者が、内面において「ハンパじゃない」ものを抱えている可能性および危険性を忘れず、決めつけず、迎合せず、「親しき仲にも礼儀あり」でつきあい続けることが創造的なのです。これが《共感》的理解への道なのかもしれません。

真《しん》

① まこと。うそや欠けめがない。充実している。

②欠けめがなく充実した状態。儒家では誠といい、道家では真という。
③実在の人のいる官。④楷書のこと。「真書」⑤まことに。ほんとうに。じつに。

充実・本格的・本当という意味です。カウンセラーの在り方でいえば、「存在感」「集中力」「本気」「本音」「本心」というようなところでしょうか。

ずいぶん昔のことですが、ある〈自己臭恐怖〉の男子学生がカウンセリングに来ました。彼は相当に切羽つまっており、自己の存在そのものが他人から嫌がられているという不安を訴えました。カウンセラーである私のほうもせっぱつまったなかで、大変な集中力を要求され、困惑しつつ試行錯誤しました。やがて彼の表情が明るくなり、言うことには『先生が本心を言ってくれた』と。両者の対話への努力のなかで、その場の空気はたしかに変化しました。そして不思議なことに、彼はその後、症状にこだわらなくなったのです。

カウンセラーがクライエントを見る以上に、クライエントはカウンセラーを見ています。カウンセラーのありようは、クライエントに伝わってしまいます。精神分析的な見方では、クライエントは自己のイメージをカウンセラーに重ねて見て、現実を見ることができないという点を強調しますが、それだけではないでしょう。クライエントの眼力は、カウンセラーのありようを見極めていることも多いのです。その関係のなかで、カウンセラーが自己の本来の在り方、本当の姿を偽らずに静かに提示していられることは、関係の発展にとってきわめて重要であるように思われます。

《真》の反対は「偽《ぎ》」でしょう。いわば小手先の「技《ぎ・わざ》」です。技術一般の意義・効用を否定することはできませんが、人間関係においては（カウンセリグの関係もそうですが）、偽・技を超えたあるがままの関係がもっとも重要です。万策尽きたときに難問の解決が見えてくる、ということが確かにあるのです。もちろん、高度産業化社会・情報化社会といったカラクリの複雑な社会においては、単なるお人よしでは逞しく生きていくことはできません。古くはマルクスやフロイトのように「すべてを疑う」という批判的知性は必要不可欠です。専門家としてあらゆる技を学び、自分に合った技を編み出す努力をしつつも、その技が同時に「偽」であるということを考えられる〝こころの自由〟が欲しいところです。「心眼」に映る「真相」を言葉で語ることは容易ではないにしても。

「真剣」「迫真」というように、《真》の語感にはどこか一歩踏み出す感じがあり、その意味で〝伸〟や〝進〟に通じます。「カウンセラーが一歩踏み出してほしい」とクライエントが思うときがあるかもしれません。カウンセラーからの「真剣」な関わりが求められているのかもしれません。しかし「真剣」というのは、文字どおり危険なことでもあり、自他を傷つける可能性もあります。《真》のもつ「眼一杯」「精一杯」の緊迫感を、第三者の眼で見る余裕が必要になるのではないでしょうか。

いわば「誠心誠意」と「複眼的思考」の両方をもって対話に臨むことが望ましいかもしれません。そのうえで、みずからの姿を提示し、それに対するクライエントの反応のなかにクライエントの対人関係能力を発見できるとき、関係は創造的に展開します。《真》のこころは〝出会い〟ということを可能にする、といってもよいでしょう。

実《じつ》

①み。中身のつまった草木のみ。「果実」②みのる。草木のみの中身がつまる。③みちる。内容がいっぱいになる。④まこと。内容があってそらではない。⑤まことに。ほんとうに。⑥「じつをいうと」「実際は」

「充実」という意味で、《実》と《真》はきわめて近いようです。ただ、《真》が一歩前に踏み出す感じなのに対し、《実》は、その一歩をあえて踏み留まっている感じがします。《真》が〝伸〟や〝進〟に通じるのに対し、《実》はまさにそこに「じっと我慢」しているようでもあります。自分自身に正直に、そこに「踏み留まる」ことは、カウンセラーの仕事にとってきわめて重要です。《実《み》》は〝身《み》〟に通じます。カウンセラーは、クライエントに関わりながらも、時に自分自身のことを振り返ることになります。また、《実》とは「内実」のこと。『じつは……』と言っても、その《実》のすべてを語ることはもとよりできません。そこで、ひとつを語ることによってすべてを語るという、俳句の精神が求められる場合もあるでしょう。内面の「充実」が、その言葉を生かすこともあるでしょう。

現代においても、世代を超えた対話は容易ではありません。お互いが、「じっと我慢の子」ということもあれば、「じっと我慢の親」ということもあり得ます。カウンセリングの場合は、カウンセラーがみずからの強迫性や自己愛を克服しているところがなければ、クライエントに対して《実》のある態度は維持できないでしょう。簡潔に、完全に語り、それ以外は静かに踏み留まる姿勢、そんな「質実」の美徳こそ好ましいゆえんです。

クライエントの怒りや悲しみに彩られた語りに耳を傾けていると、カウンセラーのこころのなかに、類似の、微妙に多様な体験が動きだします。それらの体験の蓄積は、カウンセラーのこころの「内実」ともなります。たとえばクライエントが繰り返し『死にたい』と語ったなら、カウンセラーの内面にも、修羅の世界がイメージとして迫真性を帯びてきても不思議はありません。

カウンセラーはクライエントの考えの危険性について、正直に語る必要がありますが、同時に、自身の内面に巣食う修羅のイメージに対しても、「誠実」に向き合う必要があるでしょう。いわば、「実直」な姿勢のなかにも自己の「実感」の柔らかさを生かし、相手の言葉の過激さを嫌わず、相手の言葉の率直さを愛し、関係の謎解きを試みながら、共に生きることの「切実」を引き受け、努力・工夫することこそ、自他を安らぎに導く大人の知恵であり、カウンセリング・マインドの本質（内実）なのではないでしょうか。

あとがき

ようやくここに一冊をまとめてみて、本書は私なりの心理療法論であり、面接技法論であり、さらに人間論・文化論になっているのではないかと思います。

心理療法にはきわめて多くの流派があるように見えますが、じつは互いに似通っており、本質的にはひとつではないかと私は考えています。多様に見えるのは、人間社会のありよう、歴史と文化の多様性によるものだと思うのです。

フロイトはユダヤの商人の息子（長男）であり、東ヨーロッパのユダヤ人の生活に馴染みがありました。ユングはスイスの牧師の息子（長男）であり、先祖の伝説の影響が色濃い少年時代を送っていました。ロジャーズはアメリカの開拓者の息子（長男ではない）であり、勤勉にも家畜や農作物と遊ぶ少年時代を送りました。これだけでも、三人の先駆者の精神世界の多様性がしのばれます。

心理臨床は、科学であろうとしつつも文化であるゆえに、歴史的な要因を切り離すことができません。最近は、アメリカの一極支配とも見える世界情勢のなかで「社会進化論」風の科学主義が広まっているように見えますが、一方、ネオ・ナショナリズムの風潮が若者のあいだに起こりつつあるようにも見えます。なんでも単純化するアメリカ風が一世風靡するように見えるなか、魑魅魍魎のようにアンダーグラウンドの世界もリゾーム様に広がっているようです。

かつての反精神医学の時代はすでに過去のものとしても、精神医療や心理臨床を歴史的・文化的文脈のなかで捉えていこうとする試みは、いまでも無意味なことではないでしょう。それは、日々の臨床実践の質の向上・確保のためでもあり、その価値の社会的認知・評価のためにもなります。政治的・経済的な諸状況が、心理臨床の仕事の現場に及ぼす影響は、まさに複雑微妙で、時に怪奇な様相を呈しています。心理臨床家は、どのような状況のなかにいても、賢く、たくましく、クライエントの利益と自己の安全のために知恵をめぐらす必要があります。

このように広い歴史的・文化的・社会的な視点に立って、心理臨床における「臨床の知とはなにか」をみずからに問いかけながらまとめた、クライエントとの対話に過ごした三十年の

「覚書」、サイキックな「見聞録」のごときものが、本書です。クライエントとの対話に触発されて、自由連想的に万巻の書に触れ、仲間と語りあい、またひとり漠とした感触を楽しみながら書き綴った言葉の蓄積が、本書の元となっています。その意味で〝臨床の知〟とは、フェルトセンスのようなものであるともいえましょう。

私との対話に臨んでくださった多くのクライエントの方々に感謝いたします。また、共に語りあった先輩・仲間・後輩の方々に感謝いたします。そして、本づくりの宗匠として、本書が世に出ることに目配りしてくださった、新曜社の津田敏之氏に感謝いたします。

底なしの灰色世界その底に数かぎりなき仏はいます　〔読み人しらず〕

岡　昌之

著者略歴

岡 昌之（おか・まさゆき）

1946年、東京都荒川区に生まれる。

1973年、東京大学大学院心理学専攻修士課程修了。

1975年より東京大学教養学部学生相談所専任カウンセラー・助手。1998年より首都大学東京（東京都立大学）学生サポートセンター・大学院心理学専攻教授。

臨床心理士。

心理《しんり》臨床《りんしょう》の創造力《そうぞうりょく》
援助的対話の心得と妙味

初版第1刷発行　2007年4月13日

著　者　岡　昌之 ©

発行者　堀江　洪

発行所　株式会社 新曜社
〒101-0051 東京都千代田区神田神保町2-10
電話(03)3264-4973(代)・FAX(03)3239-2958
e-mail　info@shin-yo-sha.co.jp
URL　http://www.shin-yo-sha.co.jp/

印刷　株式会社 太洋社　Printed in Japan
製本　イマヰ製本

ISBN978-4-7885-1043-2　C1011